평화를 꿈꾼 대한국인

안중근

새시대 큰인물 2

평화를 꿈꾼 대한국인
안중근

개정판 1쇄 | 2006년 2월 15일
개정판 6쇄 | 2012년 5월 30일

글쓴이 | 박용기
그린이 | 이상권
발행인 | 양원석
편집장 | 전혜원
디자인 | 최현숙
마케팅 | 김경만, 곽희은, 송기현, 우지연
제작 | 문태일, 김수진

펴낸곳 | (주)알에이치코리아
주소 | 153-802 서울시 금천구 가산디지털 2로 53, 20층 (한라시그마밸리)
전화 | 02-6443-8870(내용), 02-6443-8838(구입), 02-6443-8962(팩스)
등록 | 2004년 1월 15일 제2-3726호

ISBN 978-89-5986-340-2 74990
　　　 978-89-5986-338-9 (세트)

RHK 는 랜덤하우스코리아의 새 이름입니다. 더 유익한 콘텐츠로 여러분과 함께하겠습니다.

평화를 꿈꾼 대한국인

안중근

박용기 글 | 이상권 그림

주니어 RHK

글쓴이의 말

　위인전이란 훌륭하게 삶을 산 사람의 일생을 그린 글입니다. 그런 사람의 얘기는 흥미롭기도 하지만, 우리 자신의 삶을 되돌아보고 반성할 수 있어 읽을 만한 가치가 있습니다.
　하지만 위인전을 보면 언제나, 그분들은 어릴 때부터 하늘이 점지해 준 훌륭한 분이었다. 그래서 당연히 위인이 되었다. 이런 식의 얘기만 하고 있습니다. 찬양 일변도일 뿐이란 말이지요.
　저는 그렇게 생각하지 않습니다. 사람은 처음부터 위인으로 점지받아 태어나는 건 아닙니다. 그저 자기 일에 최선을 다하고 열심히 살다 보니까 다른 사람들이 본받을 만한 훌륭한 일을 이루어 낸 겁니다.
　어쩌면 그분들도 우리처럼 평범한 사람이었을지도 모릅니다. 사람은 누구나 자기 자신을 사랑하고 자신을 위해 살아갑니다. 그러나 때로는 이웃이나 큰 뜻을 위해 자기를 희생해야 할 때도 있습니다. 그 때 많은 사람들은 자기 자신만 생각하거나, 두려움 때문에 몸을 사립니다.

그러나 어떤 사람들은 사람으로 태어나 진정으로 옳게 사는 것이 무엇인가, 무엇이 바른 삶인가를 고뇌하다가, 용감하게 자신의 신념을 꺾지 않고 살아갑니다. 그런 사람이 나중에 훌륭한 분으로 존경받는 것입니다.

어린이 여러분도 위인전을 읽을 때, '이분은 처음부터 훌륭했다'라고 쉽게 단정짓지 말고, 왜 그렇게 살았으며 그분의 행위가 왜 바르고 옳은지를 생각하며 읽었으면 좋겠습니다.

자, 그럼 구한말 외세의 침략으로 나라가 어지러울 때, 안중근이란 분은 어떤 생각을 하고 어떻게 살았는지 함께 알아봅시다.

 차례

글쓴이의 말 · 4

하얼빈에 울린 총 소리 · 9
- 이토 히로부미의 열다섯 가지 죄 · 14

어린 시절 · 16
- 안중근이 쓴 글과 책 · 29

동학농민군과 싸우다 · 31
- 김구와의 인연 · 46

천주교 신자가 되다 · 48
- 홍 신부의 가도 · 56

학교를 세워 교육에 힘쓰다 · 58
■ 진남포에서의 만남 · 76

의병 참모중장으로 일본군과 싸우다 · 78
■ 애국지사의 손자 · 99

거사 계획과 실행 · 101
■ 우덕순의 통곡 · 119

재판과 순국 · 120
■ 치바 토시치와의 우정 · 136

열린 주제 · 138
인물 돋보기 · 140
연대표 · 142

1
하얼빈에 울린 총 소리

1909년 10월 26일 오전 아홉 시, 만주 지역 리시아 조차지(특별한 합의에 의해 한 나라가 다른 나라에서 빌려 일정 기간 통치하는 토지) 하얼빈 역에 한 청년이 나타났습니다.

검은 외투를 입고 사냥 모자를 쓴 청년은 그리 크지 않은 키였지만 몸집은 단단해 보였습니다. 오른손을 외투 주머니에 넣었다 뺐다 하는 청년은 다소 초조한 표정이었으나 둘레를 훑어보는 눈빛만은 날카롭게 빛났습니다.

그 날 하얼빈 역에는 일본에서 총리를 세 번이나 지낸 이토 히로부미가 오기로 되어 있었습니다. 이토 히로부미는 우리 나라를 강제로 빼앗고 많은 사람을 죽인 민족의

원흉입니다.

　역 주변은 환영 나온 사람들로 시끌벅적했고 러시아군 수비대가 삼엄하게 경비를 서고 있었습니다. 청년은 사람들 틈에서 이토 히로부미가 탄 특별열차가 도착하기를 이제나저제나 하고 기다리고 있었습니다.

　아홉 시가 조금 지나 마침내 열차 한 대가 하얼빈 역 안으로 미끄러지듯 들어왔습니다. 잠시 후 열차 문이 열리고 콧수염이 하얗게 난 조그만 노인이 수행원을 거느리고 열차에서 내리는 게 보였습니다.

　러시아 의장대가 팡파르를 울리고 철도 주변에 모여 있던 일본 사람들이 일장기를 흔들며 환성을 질렀습니다.

　청년은 사람들 사이를 헤치고 나가 이토가 잘 보이는 곳으로 갔습니다. 러시아 군인들은 청년이 일본인인 줄 알고 별 신경을 쓰지 않았습니다.

　이토 히로부미는 의장대를 사열하고 환영 나온 여러 나라 대사들과 일일이 악수를 했습니다. 그리고 뒤돌아서 군중들에게 손을 흔들며 몇 걸음을 걸었습니다.

　그 때였습니다. 러시아군 수비대 사이에서 그 모양을 지켜보던 청년이 앞으로 불쑥 나서며 이토를 향해 총을 쐈습니다.

"탕! 탕! 탕!"

이토가 휘청거리며 몇 걸음을 옮기더니 앞으로 푹 고꾸라졌습니다. 또다시 총 소리가 들렸습니다. 이토 옆에서 수행하던 서너 명의 일본 사람들이 쓰러졌습니다.

짧은 시간, 무슨 일이 벌어졌는지 영문을 모르고 허둥대던 러시아 군인들이 청년을 발견하고 덮쳤습니다. 그 바람에 청년이 들고 있던 총이 떨어졌고 청년은 땅바닥에 넘어졌습니다.

그러나 청년은 다시 일어났습니다. 그리고 둘레에 있던 모든 사람들이 들을 정도로 큰 소리로 외쳤습니다.

"코레아 우라! 코레아 우라! 코레아 우라!"

'코레아 우라'는 러시아 말로, '대한민국 만세'란 뜻입니다. 청년은 그렇게 세 번 목이 터져라 외치고 순순히 러시아 군인들에게 붙잡혔습니다.

그 청년이 바로 대한국인 안중근이었습니다.

이토 히로부미는 수행원들에게 들려 열차 안으로 옮겨졌으나 30분 만에 숨을 거두었습니다. 총에 맞은 수행원들은 다치긴 했으나 죽지는 않았습니다.

안중근은 법정에서 자신이 왜 이토 히로부미를 죽였는지를 당당하게 밝혔습니다.

"이토는 한국의 왕비를 죽였고, 불평등한 조약을 맺어 우리 나라를 강제로 빼앗았으며, 의병과 수많은 선량한 한국 백성을 학살했다. 이토는 한국의 독립과 동양의 평화를 해친 원흉이요 죄인이다. 나는 그것을 세계 만방에 알리고자 이토를 저격했다."

일본 판사가 자신을 범죄자로 취급했지만 안중근은 조금도 물러남 없이 정당하고 떳떳한 행위였음을 주장했습니다.

"일본이 강제로 한국을 빼앗은 뒤부터 나는 의병을 일으켜 독립전쟁을 했다. 나는 이토와 개인적으로 아무런 원한이 없다. 나는 의병 참모중장으로 독립전쟁을 하다가 붙잡힌 전쟁 포로다. 그러므로 내가 일본 법정에서 이런 불공평한 재판을 받을 이유가 없다. 나를 국제 공법으로 재판하라."

이처럼 안중근은 죽음을 앞에 두고서도 전혀 굽힘없이 의연하게 한국인의 기개를 드높였습니다.

저격 현장에서 안중근의 총에 맞아 상처를 입은 만주철

도 사장은 자기가 만난 가장 위대한 인물로 안중근을 꼽았으며, 또 중국의 장 제스 총통도 8억 중국인이 하지 못한 일을 안중근이 혼자서 해냈다고 부러워했습니다.

세계를 놀라게 한 이토 히로부미 저격 사건은 한국 독립과 동양 평화를 염원한 한 애국지사의, 죽음을 무릅쓴 민족적 거사였습니다.

 ### 이토 히로부미의 열다섯 가지 죄

안중근은 자신이 이토 히로부미를 죽인 이유는 그가 열다섯 가지의 죄를 지었기 때문이라고 하였다. 그 열다섯 가지의 죄는

1. 일본 군인들이 한국 왕비(명성황후)를 시해하도록 뒤에서 조종한 죄
2. 황제와 대신을 협박하여 한국에 불리한 조약을 맺게 한 죄(을사조약, 정미7조약 등)
3. 한국 황제를 강제로 폐위한 죄
4. 한국 군대를 해산한 죄
5. 의병과 선량한 양민을 학살한 죄
6. 한국의 국권과 정권을 빼앗은 죄
7. 국채를 발행하여 그 돈으로 토지를 약탈하게 한 죄
8. 제일 은행권을 발행하여 남용한 죄
9. 교과서를 불태우고 교육을 방해한 죄
10. 강제로 차관을 들이게 하여 나라 재정을 피폐하게 한 죄
11. 한국 국민의 신문 구독을 금지한 죄

12. 한국 보호라는 명목으로 한국이 원하지도 않는 정치를 마음대로 한 죄
13. 한국 국민 모두가 분노하고 있는데도 한국은 평화롭다고 세계를 속인 죄
14. 동양 평화를 깨뜨린 죄
15. 일본 천황의 아버지를 살해한 죄

등이다. 여기서 열다섯 번째 죄는 일본 학자들이 연구한 바에 따르면 이토 히로부미가 직접 관계된 것은 아니라고 한다. 나머지 열네 가지는 안중근이 당시 역사를 정확하게 꿰뚫어보고, 이토가 얼마나 많은 죄를 지었는지를 낱낱이 보여주는 것이다.

2
어린 시절

　안중근은 1879년 7월 16일, 황해도 해주에서 태어났습니다. 막 태어난 아이를 보니 배와 가슴에 일곱 개의 검은 점이 있었습니다.
　중근의 부모는 밤 하늘에 반짝이는 북두칠성처럼 세상 사람들이 우러러볼 훌륭한 인물이 되었으면 하고 응칠(應七)이라 이름지었습니다. 부모들은 누구나 어린 자식이 훌륭하게 자라기를 바라지요. 더구나 중근은 첫 아이였기에 더더욱 그러했습니다.
　집안 돌림자가 '근'이어서 나중에는 중근(重根)이라고 다시 이름지었습니다. 어릴 때부터 성격이 급하고 나돌기를 좋아해서 좀 점잖고 무게 있으라고 그렇게 지었다고 합니다.

중근네 집은 해주에서 소문난 부잣집이었습니다. 한 해에 쌀을 천 석이나 거둘 정도였습니다.

중근의 할아버지 안인수는 진해 현감(군수)을 지낸 분으로, 어질고 덕을 많이 베풀어 마을 사람 모두가 존경했습니다. 할아버지는 6남3녀를 두었는데 그 중 셋째가 중근의 아버지인 안태훈이었습니다.

중근의 아버지는 재주가 뛰어나 신동이라 불렸는데, 열 살도 되기 전에 사서삼경을 모두 뗐다고 합니다. 아버지는 나중에 과거에 급제하여 진사가 되었습니다.

중근이 여섯 살 때인 1884년, 나라에 갑신정변이 일어났습니다.

일찍이 산업혁명으로 기술을 발달시킨 서양은 이 무렵 식민지를 세우고 자원을 빼앗기 위해 동양으로 앞다퉈 몰려들고 있었습니다. 그 속에 이웃 나라인 청나라와 일본도 끼여 있었습니다.

청나라는 우리 나라를 옛날부터 자기네 속국으로 여겨

서 사사건건 간섭을 하려 했습니다. 또 일본은 일찍 서양 문물을 받아들이고 경제와 군사력을 키워 어떻게든 우리 나라를 집어삼키려고 기회를 엿보고 있었습니다.

한 마디로 우리 나라는 서양 여러 나라(영국·프랑스·미국·독일·러시아)와 청나라, 그리고 일본이 서로 자기네 이익을 챙기려고 다툼을 벌이는, 그야말로 국제적인 싸움판이었습니다.

그런데도 우리 나라 정치인들은 서로 자기 이익만 챙기려 할 뿐, 나라 돌아가는 꼴에는 별 관심이 없었습니다. 지방 관리들도 백성들이 땀흘려 일군 곡식과 재산을 착취하는 데만 정신이 팔려 있었습니다.

그 때 뜻 있는 젊은 청년들이 모여 나라를 개혁하려는 일을 꾸몄습니다. 김옥균, 박영효, 홍영식, 서재필 등이 그들이었습니다.

이들은 일본처럼 나라를 빨리 개방시켜 발달된 서구 문명을 받아들여 근대화를 이루어야 한다고 주장했습니다. 그러나 혈기만 있고 나라의 장래를 깊이 생각하지 못한 이들은 큰 잘못을 저질렀습니다. 일본군의 힘을 빌려 나라를 한꺼번에 뒤집으려 했던 것이지요. 일본은 그러잖아도 기회를 노리고 있었는데 얼씨구나 좋다며 군대를 끌고 와 도와 주는 척했습니다.

김옥균 등은 왕비를 등에 업고 마음대로 권력을 휘두르던 민씨 일족을 쫓아 내고 새로운 정권을 세웠습니다. 이것을 갑신정변이라고 합니다.

하지만 갑신정변은 사흘 만에 실패로 끝났습니다. 당시 정권을 잡고 있던 명성황후가 청나라를 끌어들여 이 개화파들을 내쫓은 것입니다. 김옥균과 박영효 등 많은 사람들이 일본으로 망명을 가고, 또 여러 사람이 잡혀 죽거나 유배를 당했습니다.

이 때 중근의 아버지 안태훈도 박영효와 얽힌 관계가 있어 목숨이 위태롭게 되었습니다.

아버지는 경성(서울)에서 박영효가 계획하고 있던 해외 유학생 명단에 들어 있었습니다. 박영효는 나라를 개혁하려면 외국의 나은 문물을 배워 와야 한다고 생각해 그런 일을 꾸민 것입니다.

박영효가 일본으로 도망가자 아버지도 위험을 느껴 고향으로 돌아왔습니다. 아버지는 여러 날을 괴로워했습니다. 아직 젊은 나이였던 아버지는 벼슬을 얻어 정치를 해 보고 싶었는데, 이제 벼슬은 고사하고 목숨마저 위태롭게 되었으니 괴롭지 않을 리가 없었겠지요.

그런 아들을 본 할아버지는 나라의 장래가 심상치 않음을 느끼고 아들에게 벼슬을 포기하라고 설득했습니다. 더구나 해주 땅은 여전히 신변의 위험이 남아 있었습니다.

할아버지는 아예 깊은 산골로 이사를 가자고 했습니다.

몇 날 며칠을 고민한 아버지는 결국 할아버지 말씀을 따르기로 했습니다. 그래서 70여 명이 넘는 대가족이 신천군에 있는 청계동이란 깊은 산골로 이사를 갔습니다. 그 때 중근의 나이 여섯 살이었습니다.

청계동은 비록 산세가 깊고 험준했으나 기름진 논밭이 있고 둘레 경치가 아름다워 그야말로 별천지였습니다. 게다가 해수에서 정리한 재산으로 이 곳에 논밭을 샀기 때문에 집안 살림은 넉넉했습니다.

그래서 중근은 먹고사는 데 아무런 걱정이 없었습니다. 더구나 할아버지, 할머니에게서 깊은 사랑을 받고 자랐기 때문에 언제나 활달하고 패기가 넘쳤습니다.

일고여덟 살이 되자 중근은 집 안에 있는 서당에서 한문을 배웠습니다. 하지만 날마다 책상 앞에 앉아 한문을 공부하는 것이 너무 지겹고 답답했습니다. 그래서 틈만 나면 부모님 몰래 집을 빠져 나와 들로 산으로 뛰어놀았습니다.

중근이 특히 좋아한 것은 사냥꾼을 따라다니며 사냥을 하는 것이었습니다. 나이가 더 들어서는 아예 총을 메고 산에 올라 새와 산짐승을 잡기도 했습니다.

그런 중근을 부모님이 가만히 내버려 둘 리 없었습니다. 하루는 공부방을 빠져 나오다 아버지에게 덜미가 잡혔습니다. 아버지는 화가 잔뜩 나 크게 꾸짖었습니다.

"응칠이 네 이놈, 넌 도대체 뭐가 되려고, 하라는 공부는 안 하고 날마다 엉덩이에 뿔난 망아지모양 싸돌아다니기만 하느냐."

중근은 할 말은 있었지만 아버지 앞이라 감히 대꾸를 하지 못하고 속으로 생각했습니다.

'글공부는 죽기보다 싫어. 난 그냥 들과 산을 뛰어다니며 사냥하는 게 좋아. 옛날 초나라 장수 항우가 말했다지. 글은 제 이름 석 자만 쓸 줄 알면 된다고. 나도 글을 익혀 학자가 되는 것보다 항우처럼 뛰어난 무예로 천하를 호령

하는 장수가 되고 싶어. 정말, 글공부는 싫다, 싫어.'
 하지만 전해 오는 것처럼 중근이 그렇게 공부를 하지 않은 것은 아닙니다. 뤼순 감옥에 있을 때 중근은 많은 사람들에게 좋은 글을 써서 주기도 하였고, '동양 평화론'이란 자신의 사상을 글로 쓰기도 하였습니다.

사냥을 즐기던 중근이 한 번은 호되게 혼이 난 적이 있었습니다. 산에서 노루 사냥을 하고 있는데, 공교롭게도 총알이 총구에 걸려 빠져 나오지를 않았습니다. 이상하게도 총알이 꽉 끼여, 들어가지도 나오지도 않았던 것입니다.

할 수 없이 중근은 쇠꼬챙이로 총구를 마구 쑤셔 댔습니다. 노루가 눈앞에 있으니 마음도 급하고 화가 치밀기도 했겠지요.

그런데 갑자기 "꽝" 하는 소리가 산을 뒤흔들며 터져 나왔습니다. 중근은 너무 놀라 그 자리에서 기절하고 말았습니다. 잠시 뒤에 정신이 들었는데 오른손이 무척 아팠습니다.

중근이 내려다보니 오른손이 온통 피투성이였습니다. 중근은 급히 옷을 찢어 상처를 싸맸습니다. 알고 보니 막혀 있던 총알이 터지면서 쇠꼬챙이가 오른손을 뚫고 날아간 것입니다.

그 뒤 상처는 치료했지만 중근은 오래도록 그 때 놀란 일을 잊지 못했습니다.

화창한 3월, 어느 봄날이었습니다. 친구들과 함께 산에 올라 아름다운 경치를 구경하고 있던 중근은 깎아지른 낭떠러지 위에 서 있었습니다. 그 때 중근은 낭떠러지 끝에 일찍 핀 예쁜 봄꽃을 보았습니다.

3월이라 해도 아직 칼바람이 옷깃을 파고드는 추운 날씨였는데 벌써 꽃봉오리를 내민 꽃이 여간 대견스럽지 않았습니다. 중근은 저도 모르게 손을 뻗어 그 꽃을 꺾으려 했습니다.

그 때였습니다. 너무 꽃에 신경을 쓴 나머지 중근은 그만 발을 헛디디고 말았습니다. 급히 다른 발을 내디뎠는데 그 발도 미끄러져 낭떠러지 아래로 굴러 떨어졌습니다.

중근은 한순간 죽는구나 하는 생각이 들었습니다. 그래도 정신만은 잃지 않았습니다. 중근은 팔을 뻗어 마구 휘저었습니다. 그러다가 용케도 나뭇가지 하나가 손끝에 닿았고, 놓치면 죽는다는 생각으로 그것을 꽉 움켜쥐었습니다.

중근은 겨우 몸을 바로잡고 둘레를 돌아보았습니다. 바로 아래는 천길 낭떠러지였습니다. 나뭇가지를 잡지 못했다면 곧바로 목숨을 잃을 뻔한, 너무나도 위급한 순간이었습니다.

벼랑 위에서 파랗게 질려 발을 동동 구르던 친구들은 중근이 나뭇가지를 붙잡고 매달리자 소리쳤습니다.
"야, 중근아! 괜찮아?"
"그래! 어서 밧줄이나 내려 줘!"
중근은 나뭇가지를 두 손으로 붙잡고 소리쳤습니다.
"알았어, 조금만 기다려."
친구들은 그렇게 소리치고 밧줄을 구하러 뛰어갔습니다. 하지만 한참이 지나도 밧줄은 내려오지 않았습니다. 중근은 이제 팔 힘도 다 빠져 온몸이 마비되는 것 같았습니다.
"제발, 빨리 밧줄을 내려 줘."
중근은 더 이상 소리칠 힘도 없어 기어들어가는 소리로 친구들을 불렀습니다. 바위틈에 걸치고 있던 다리도 쥐가 날 듯이 저려 왔습니다. 중근은 이제 정말 죽는구나 생각했습니다.
그 때 하늘에서 천사가 손을 뻗듯, 밧줄이 대롱대롱 내려왔습니다. 중근이 얼른 밧줄을 붙잡자 친구들이 끌어올렸습니다.
마침내 중근은 낭떠러지 위로 올라와 그 자리에 벌렁

누워 가쁜 숨을 몰아쉬었습니다. 친구들이 기쁨에 겨워 소리쳤습니다.

"정말 다행이다, 중근아!"

"밧줄을 왜 그렇게 늦게 내려보냈어?"

"밧줄이 있어야지. 마을로 뛰어가다가 마침 나무하는 아저씨를 만나 겨우 구해 온 거야."

"그래? 어쨌든 고맙다."

중근은 친구들을 보며 씨익 웃었습니다. 친구들도 따라 웃었습니다.

그 때가 중근이 첫 번째로 죽을 뻔한 날이었습니다. 그 뒤로도 중근은 여러 번 죽음의 문턱을 넘나들었습니다.

안중근이 쓴 글과 책

안중근은 뤼순 감옥에 갇혀 있을 때, 《안응칠 역사》라는 자서전과 〈동양 평화론〉이란 글을 썼다.

《안응칠 역사》는 안중근이 자신의 일생을 겸손하고 솔직하게 쓴 책이기 때문에 감동적인 부분이 많다. 그러나 사건에 관련된 인물에게 피해를 주지 않으려고 일부러 말을 가려서 쓴 흔적이 보이기도 한다.

이 글도 그 책을 토대로 해서 썼음을 밝혀 둔다.

〈동양 평화론〉은 당시 우리 나라와 주변 여러 나라들의 정세, 일본의 침략 야욕 등을 예리하게 분석하고 비판한 글이다.

안타깝게도 안중근은 그 글을 다 쓰지 못하고 죽었다. 당시 감옥소 소장이나 재판장은 안중근이 보통 인물이 아님을 알고 아주 친절하게 대했다. 그래서 책을 쓸 동안 사형을 늦춰 주겠다고 약속까지 했다. 그러나 본국에서 서둘러 사형을 집행하라는 명령이 내려져 안중근과의 약속을 지키지 못하고 집필 도중 죽이고 만다.

3
동학농민군과 싸우다

1894년, 안중근은 열여섯에 김아려와 결혼하였습니다. 나중에 분도, 준생, 두 아들과 딸 현생을 낳았습니다.

이 무렵 우리 나라는 갈수록 어지러워졌습니다.

일본은 1876년 병자수호조약(강화도조약. 일본은 부산, 인천 등 5개 항구를 열게 하여 경제적으로 우리 나라에 침투하기 시작함)을 맺은 이래로 해마다 수많은 곡물을 거두어 갔습니다. 겉으로는 일본에 수출하는 것처럼 보였지만 실은 아주 헐값에 사들여 간 것으로, 한 마디로 강제로 빼앗는 거나 다름없었습니다.

또 탐관오리들이 온갖 세금을 강제로 징수해 농민들은

갈수록 살기가 힘들어졌습니다. 특히 우리 나라에서 쌀 농사를 가장 많이 하는 전라도 지방은 그 피해가 말로 다 하기 어려웠습니다.

전라도 고부 지방 군수인 조병갑은 그 폭정이 하늘에 닿을 정도로 악랄했습니다. 갖가지 세금을 강제로 거둬 진작부터 백성들의 원망이 높았는데, 거기다 죽은 아버지의 비석을 세운다고 1천 냥이나 되는 돈을 착복하다 들통이 났습니다. 농민들은 더는 참지 못하고 마침내 폭동을 일으켰습니다.

이 때 농민들을 모으고 봉기를 이끈 사람은 동학 교도들이었습니다. 동학은 1860년에 최제우가 세운 종교입니다. 동학은 '사람이 곧 하늘'이란 믿음을 바탕으로, 누구든 차별 없이 존중받아야 한다고 가르쳤습니다. 오랜 세월 억눌리고 핍박받아 온 백성들은 동학에서 큰 감동을 받았습니다. 그래서 동학은 아주 빠르게 퍼져 나갔습니다.

동학 교도들 대부분은 농민이었기 때문에 봉기가 일어났을 때 동학과 농민은 자연스럽게 합쳐졌습니다.

전봉준을 비롯한 동학농민군이 고부 관아를 습격하면서 시작된 농민 봉기는 전라도, 충청도, 경상도 등 전국으로 퍼져 나갔습니다. 이에 놀란 정부는 800여 명의 관군을 보내 진압하려 했으나 오히려 크게 패하고 말았습니다.

위기를 느낀 정부는 부랴부랴 청나라에 지원군을 요청했고 곧바로 청나라 군사 3천 명이 우리 나라에 들어왔습니다. 그러자 일본도 우리 나라에 들어와 있던 자기네 국민을 보호해야 한다며 7천 명이나 되는 군사를 들여보냈습니다.

일본군은 우리 나라에 들어오자마자 곧바로 궁궐을 점령하고 명성황후 세력을 쫓아 낸 다음 청나라 군대를 기습적으로 공격했습니다. 청나라 군대는 제대로 싸워 보지도 못하고 일본군에 완전히 지고 맙니다. 이것이 청일전쟁입니다.

그 사이 동학농민군은 외세가 참견할지도 모른다는 생각을 하여 정부군과 싸움을 중지하고 화약(화목하게 지내자는 약속)을 맺었습니다. 동학농민군은 노비 문서를 없애고 여성을 차별하지 말며 억울한 세금을 폐지하라고 주장했습니다.

그런데 일본군이 궁궐을 습격했다는 소식을 들은 동학농민군은 또다시 분노가 폭발했습니다. 이제는 정부와 싸울 것이 아니라 먼저 외세(일본)를 몰아 내야 한다고 소리 높이 외쳤습니다.

　20만 명의 동학농민군이 지금의 공주 우금치에서 정부군, 일본군과 일 주일 동안 수십 차례 싸움을 벌였습니다. 그러나 우세한 무기를 가진 일본군을 당할 수 없어 동학농민군은 완전히 패하고 맙니다. 이것이 동학농민전쟁입니다.

전봉준은 전라도 순창에서 붙잡혀 서울로 끌려갔습니다. 그리고 일본 공사의 재판을 받고 처형을 당했습니다.

1894년, 황해도에서도 동학농민군이 곳곳에서 봉기를 일으켰습니다. 황해도 관찰사는 중근의 아버지에게 동학군과 맞서 싸우도록 요청했습니다.

황해도 지주였던 중근의 아버지는 동학군이 부자들의 재산을 빼앗고 사람을 마구 죽이는 것을 보고 동학군의 봉기를 의심하고 있었습니다.

더구나 동학군 가운데는 봉기를 일으킨 진정한 뜻은 모르고 그저 동학군의 이름만 내걸고 약탈과 살인을 일삼는 무리도 있었으니 오해를 살 만도 했습니다.

중근도 동학군이 외세가 간섭하는 빌미를 주었다고 생각해 별로 좋게 보지 않았습니다. 그렇지만 외세의 개입은 동학농민군이 빌미를 주긴 했지만 근본적으로는 정부가 힘이 없고 무능해서 생긴 일입니다.

중근의 아버지는 병사를 모으고 무기를 준비해서 동학군과 싸울 태세를 갖추었습니다. 여자들과 아이들까지 동원되었습니다.

1894년 12월, 마침내 2만여 명의 동학군이 청계동 마을에 쳐들어왔습니다. 노란 깃발을 앞세우고 북과 꽹과리를 두드리며 쳐들어오는 동학군의 기세는 자못 하늘을 찔렀습니다.

청계동 뒷산에 진을 친 중근의 아버지 군대는 동학군의 위세에 기가 꺾였습니다. 그도 그럴 것이, 겨우 이삼백 명 정도의 병사를 가지고 2만 명을 상대하려 했으니 계란으로 바위 치기나 마찬가지였던 거지요.

한겨울이었는데, 갑자기 바람이 불면서 비가 쏟아지기 시작했습니다. 빗줄기가 점점 굵어지더니 급기야 한치 앞을 내다볼 수 없을 정도로 쏟아졌습니다.

빗줄기가 아주 거세지자 동학군은 도저히 싸움을 할 수가 없어 마을 밖으로 물러나 그 곳에다 진을 쳤습니다.

덕분에 시간을 벌게 된 중근의 아버지는 병사들을 모아 놓고 의견을 나누었습니다.

"다행히 하늘이 도와 적군이 마을 밖으로 나갔지만 언제 다시 쳐들어올지 모릅니다."

병사들의 표정도 어두웠습니다. 모두들 불안한 마음을 감추지 못했습니다.

"아무리 생각해 봐도 이대로 있다가 적이 다시 쳐들어오면 우리의 적은 군사로는 그들을 막기 힘들 것 같소. 그러니 오늘 밤에 먼저 공격하는 게 어떻겠소?"

모두들 묵묵히 고개를 숙이고 있을 뿐, 누구 하나 가타부타 말하는 사람이 없었습니다. 그 때 구석에 있던 중근이 나서서 말했습니다.

"아버님 말씀이 옳습니다. 병법에도 적의 숫자가 많으면 매복이나 기습 공격으로 상대의 기선을 꺾어야 한다고 나와 있습니다. 제가 나가 싸우겠습니다."

중근이 그렇게 우렁차게 말하자 몇몇 사람이 자기도 나가 싸우겠다며 앞으로 나왔습니다. 그렇게 해서 30여 명이 모아졌습니다.

해가 아직 떠오르지 않은 이른 새벽에 중근과 30여 명의 병사들은 새벽밥을 지어 먹고 적진을 향해 나아갔습니다.

적진 가까이 다가간 중근은 나무 뒤에 몸을 숨기고 적의 동정을 살폈습니다. 노란 깃발이 바람에 펄럭이고, 곳곳에 피워 놓은 횃불로 사방이 대낮처럼 밝았습니다. 그러나 어지럽게 움직이는 동학군들은 전혀 질서가 없었습니다. 한 마디로 오합지졸처럼 보였습니다.

　중근은 함께 온 병사들에게 조그맣게 말했습니다.

　"아직 잠이 덜 깬 새벽이라 적들이 싸울 준비가 전혀 돼 있지 않은 것 같습니다. 때는 바로 지금입니다."

　병사들이 고개를 끄덕였습니다. 중근이 먼저 총을 쏘며 달려나갔습니다. 뒤이어 병사들의 함성 소리와 총 소리가 들렸습니다.

　뜻밖의 기습으로 동학군은 허둥지둥 난리를 쳤습니다. 갑옷도 입지 못하고 총도 들지 못한 채, 서로 밀치고 밟히면서 사방으로 흩어져 달아났습니다. 중근과 병사들은 여세를 몰아 계속 쫓아갔습니다.

　그 때 동쪽 하늘에서 붉은 해가 솟아오르며 둘레가 환하게 밝아 왔습니다. 달아나던 동학군들은 뒤쫓아오는 병사가 몇 되지 않는다는 것을 알았습니다.

　"뭐야, 겨우 몇십 명밖에 안 되잖아."

　동학군은 전열을 갖추더니 도리어 공격을 해오기 시작했습니다. 중근은 정신이 번쩍 들었습니다.

　"아이쿠, 이거 너무 멀리 쫓아왔군."

　"여보게, 중근이. 빨리 달아나세!"

다른 병사들도 얼굴이 파랗게 질려 뒤돌아 뛰기 시작했습니다. 중근도 죽지 않으려면 도망치는 수밖에 없었습니다. 하지만 얼마 달아나지도 못하고

사방으로 포위당해 버렸습니다.

"이걸 어쩌지, 꼼짝없이 죽게 됐는데."

중근과 병사들은 목숨이 위태로울 지경에 이르렀습니다. 그 때였습니다. 동학군이 포위한 북쪽 방향에서 갑자

기 총 소리가 나더니 군사들이 어지럽게 흩어지기 시작했습니다. 뒤에 남았던 중근의 아버지 부대가 쳐들어온 것입니다.

포위망이 뚫리고 중근의 병사들과 아버지의 부대는 함께 동학군과 싸움을 벌였습니다. 동학군은 중근의 아버지 군대의 기세에 눌려 밀리기 시작했습니다. 결국 동학군은 제대로 싸워 보지도 못하고 달아났습니다.

마침내 중근의 아버지 군대는 승리를 거두었습니다. 동학군이 버리고 간 무기가 산더미처럼 쌓였고, 미처 가져가지 못한 군량미(쌀)도 천 포대가 넘었습니다.

이 싸움으로 동학군은 수십 명이 다쳤지만 중근 쪽의 병사들은 한 명도 다치지 않았습니다.

동학농민전쟁이 끝난 이듬해, 잠시 평온했던 청계동 중근의 집에서 이상한 일이 벌어졌습니다.

어느 날 손님 두 사람이 찾아왔습니다. 아버지는 친절하게 두 사람을 맞아 대청에 모셨는데, 대뜸 그 사람 가운데 하나가 말했습니다.

"당신네들이 지난해 동학군과 싸워 얻은 곡식은 원래

동학군의 것이 아니오. 그것은 어윤중 대감과 민영준 대감의 재산을 동학군이 빼앗아 간 것이오. 그러니 당장 본래 주인에게 돌려주시오."

어윤중과 민영준은 나라의 높은 관리를 지내면서 권력을 부리고 재산을 모아 온 탐관오리입니다.

중근의 아버지가 웃으면서 말했습니다.

"이것들 보시오. 우리는 목숨을 걸고 동학군과 싸웠소. 그래서 빼앗은 노획물인데 그걸 돌려달라니 말이 되는 소리요? 도대체 무슨 근거로 그것이 어윤중과 민영준의 재산이라는 거요?"

두 사람은 엉뚱한 말을 계속 둘러대며 돌려줄 것을 요구했지만 중근의 아버지는 눈 하나 깜박하지 않고 거절했습니다.

"나중에 후회하지 마시오."

결국 두 사람은 그렇게 말하고 돌아갔습니다.

사실 어윤중과 민영준이 동학군에게 재산을 빼앗기긴 했습니다. 그러나 그것들은 백성들을 착취해서 얻은 것이었고 또 중근의 아버지가 빼앗은 것이 그들 것이란 증거도 없었으니 억지라고 할 수밖에 없는 일이었습니다.

며칠 뒤, 서울에 있는 아버지 친구에게서 편지가 왔습니다. 편지의 내용은 어윤중과 민영준이 아버지를 모함하는 글을 황제에게 올렸다는 것입니다.

'안태훈이 수천의 병사를 몰래 훈련시키고 있는데, 도둑질한 쌀로 그들을 먹이고 있다. 나중에 반란을 꾀할지도 모르니 지금 당장 군대를 보내 잡아들여야 한다.' 라고 상소를 했다는 것입니다.

중근의 아버지는 편지를 읽고 너무 놀라 곧바로 서울로 올라갔습니다. 그러나 이미 어윤중에게 매수된 관리들이 아비지의 말을 들어줄 리 없었습니다. 아버지는 여러 번 재판을 해달라고 글을 올렸지만 받아들여지지 않았습니다.

그런데 그 때, 그렇게 기고만장하던 어윤중이 친일파로 몰려 길거리에서 백성들의 돌에 맞아 죽었습니다. 그래서 이제 한시름 놓았나 싶었는데, 새로 대신의 자리에 오른 민영준이 다시금 재산을 돌려달라고 협박을 해왔습니다.

중근의 아버지는 할 수 없이 프랑스 신부가 있는 천주교 성당으로 몸을 피했습니다. 그 곳에서 몇 달을 숨어 지냈습니다. 외국 신부가 있는 곳이라 민영준도 어쩌질 못했습니다.

중근의 아버지는 성당에 머무르면서 프랑스 신부로부터 성서에 대한 얘기를 많이 들었습니다. 그리고 얼마 지나지 않아 아예 신도가 되었습니다.

몇 달이 지나자 민영준도 결국 모든 것을 포기하였습니다. 그래서 아버지는 무사히 집으로 돌아갈 수 있었는데, 그 때 선교사와 함께 많은 성경책을 가지고 갔습니다.

김구와의 인연

《백범 일지》에 보면, 일제 시대 상하이 임시정부 주석이던 김구가 안중근과 만난 일화가 나온다.

1876년에 안중근과 같은 고향인 황해도 해주에서 태어난 김구는 안중근보다 세 살이 많았다. 김구는 열일곱 살에 동학에 들어가 동학농민전쟁이 일어났을 때는 황해도에서 동학농민군 대장(접주)으로 활약하였다.

그러나 관군과 일본군에 패해 숨어 다니다가 안태훈(안중근의 아버지)의 집으로 들어가게 된다. 안태훈은 김구가 동학군의 대장이라는 것을 알면서도 크게 환영하여 맞이한다.

김구는 그 곳에서 반년쯤 살았는데 그 때 열여섯이던 안중근을 보게 된다. 《백범 일지》에서 김구는 안중근을 본 느낌을 다음과 같이 말하고 있다.

백범 김구

"상투를 튼 머리에 자주 수건을 질끈 동여매고 돔방총이라는 짧은 총을 메고 날마다 사냥을 일삼고 있어, 보기에도 영기가 발발하고 청계동 군사들 중에서 사격술이 가장 뛰어났다. 삼촌(안태건)과 사냥을 함께 다녔는데 그들이 잡아 오는 노루와 고라니는 군사들에게 먹이고 또 인진사(안태훈) 형제분들의 술안주로 심았다.

진사의 두 아들, 정근과 공근은 다 붉은 두루마기를 입고 머리를 땋아 늘이고 글공부를 하고 있었는데, 진사는 이 두 아들에게는 글을 읽지 않는다고 걱정을 하곤 했으나 중근에게는 아무 간섭도 하지 않는 것 같았다."

김구는 1909년 안중근 의거 사건에 연루되어 체포되었다가 풀려난다.

4
천주교 신자가 되다

마을에 돌아온 중근의 아버지는 사람들에게 천주교를 믿게 하여 신도들이 날로 늘어갔습니다. 중근의 가족도 모두 천주교를 믿게 되었고 중근도 입교를 하였습니다. 중근은 프랑스인 선교사 홍요셉(빌헬름) 신부로부터 세례를 받고 세례명을 도마(토마스)라고 지었습니다.

중근은 성경 공부를 열심히 하여 신앙심이 아주 깊어졌습니다. 그래서 홍 신부와 함께 전교(선교)하러 여러 곳을 돌아다녔습니다.

처음 우리 나라에 천주교가 들어왔을 때, 나라에서는 백성의 마음을 어지럽힌다 하여 많은 신도들을 죽였습니다. 그러나 중근이 선교를 하러 다닐 즈음엔 이미 여러 나라의 신부들이 우리 나라에 들어와 포교를 하고 있었고 나라에서도 더 이상 탄압하지 않았습니다.

중근은 다니는 곳마다 사람들을 모아 놓고 설교를 했습니다.

"동포 여러분, 제 말에 귀기울여 주십시오. 사람에게 만일 영혼이 없고 육체만 있다면 짐승보다 나을 게 뭐가 있겠습니까? 하고많은 동물들이 다 사람의 지배를 받는 까닭이 무엇입니까? 그들에게 영혼이 없기 때문입니다. 그러므로 영혼의 귀중함은 말로 다할 수 없다 하겠습니다."

이렇게 중근이 입을 열기 시작하면 사람들은 꼼짝도 않고 중근의 말에 귀를 기울였습니다.

"하늘과 땅 사이의 큰 아버지요, 큰 임금이신 하느님(천주)께서는 하늘을 만들어 우리를 덮어 주시고, 땅을 만들어 우리를 떠받쳐 주시고, 해와 달과 별을 만들어 우리를 비추어 주시고, 또 만물을 만들어 우리가 그것을 쓰게 하시니, 그 크신 은혜는 가없다 할 것입니다. 하느님은 지극히 공정하여 착한 일에 상을 주지 않는 일이 없고, 악한 일에 벌을 주지 않는 일이 없습니다."

그 때 듣고 있던 사람들 가운데 누군가가 말했습니다.
"이 보시오. 나는 그 말을 믿지 못하겠소. 세상에 얼마나 악한 사람들이 많은데 왜 그 사람들을 벌주지 않고 떵떵거리며 살게 하는 거요? 하느님이 전지전능한 능력이 있다면 당장 그 사람들을 벌줘야 할 거 아니오?"

"그것은 그렇지 않습니다. 이 세상에서 주는 상벌은 한계가 있지만 하느님이 선악을 가려 내리는 상벌은 영원합니다. 이 세상의 벌은 다만 몸을 다스릴 뿐, 마음을 다스리지는 못합니다. 하느님의 상벌은 사람의 목숨이 다할 때까지 기다렸다가 세상을 마치는 날, 선악을 가려 죽지도 않고 사라지지도 않는 영혼을 천당과 지옥으로 보내 영원한 상벌을 내리는 것입니다."

중근이 대답했습니다. 그러자 또 누군가가 나서서 말했습니다.

"이것 보시오. 나는 하느님을 보지 못했으니 천당과 지옥도 믿지 못하겠소."

"여러분, 장님이 하늘을 보지 못했다 해서 하늘에 해가 있는 것을 믿지 못하겠다고 하면 맞는 말입니까? 훌륭한 집을 보고 그 집을 지을 때 보지 못했다고 해서 집을 지은 목수가 있다는 것을 믿지 못하겠습니까? 만일 저절로 생겼다면 해와 달과 별이 어떻게 어김없이 운행되며, 봄 여름 가을 겨울이 어떻게 때마다 틀림없이 돌아갈 수 있겠습니까? 무릇 믿고 안 믿고는 보고 못 본 것에 달린 것이 아니라, 이치에 맞느냐 아니냐에 달린 것입니다. 사람의 목숨이란 길어야 백 년입니다. 어진 사람이나 어리석은 사람이나, 귀한 사람이나 천한 사람이나 누구든 알몸으로 태어나 알몸으로 저 세상에 갑니다. 세상일이 이다지 덧없는데, 왜 악한 일을 하고도 깨닫지 못하는 것일까요? 나중에 뉘우친들 무슨 소용이 있겠습니까?"

중근이 말을 마치면 많은 사람들이 조용히 고개를 끄덕였습니다. 그러나 끝까지 알아들을 수 없다거나 믿을 수 없다는 사람도 있어 그들은 중간에 자리를 뜨기도 했습니다.

그렇게 몇 년이 흐르자 교회는 점점 커져 갔고 신도들도 수만 명에 이르렀습니다. 황해도에만 선교사가 여덟 명이나 있을 정도였다고 합니다.

어느 날 중근이 홍 신부에게 말했습니다.

"지금 한국 교인들은 학문이 어두워 전도하는 데 어려움이 많습니다. 그러잖아도 나라가 날로 어지러워 가는데 백성들에게 학문을 배우게 했으면 싶습니다. 서울에 계신 뮈텔 주교님께 말씀드려 서양에서 학자나 공부를 많이 한 신부님들을 모셔 와 학교를 열었으면 합니다. 신부님 생각은 어떠십니까?"

"좋은 생각이요, 그렇게 해봅시다."

중근의 말을 들은 홍 신부는 흔쾌히 받아들였습니다. 그 때 중근은 홍 신부에게 프랑스 말을 몇 달 동안 배우고 있었습니다.

중근과 홍 신부는 곧 서울로 올라가 주교를 만났습니다. 그런데 주교는 얼굴색을 흐리며 반대하였습니다.

"만일 한국 사람들이 학문을 하게 된다면 천주교를 믿는 데 소홀하게 될 것이오. 그러니 그런 말은 다시는 하지 마시오."

중근은 아무리 생각해도 학문을 배우는 게 하느님을 믿는 데 방해가 될 것 같지는 않았습니다. 새로운 학문을 하면 성경에 대한 호기심도 생길 테니 오히려 신도가 늘지 않을까 하는 생각도 들었습니다.

"주교님, 절대 그렇지 않습니다. 성경도 외국 문물이므로 새로운 학문을 배우면 자연스럽게 가까이하게 될 것입니다. 새로운 학문이 하느님을 믿는 데 도움이 되면 됐지, 결코 방해는 되지 않을 것입니다."

"그만 하시오. 하느님에 대한 믿음은 순수한 마음에서 나오는 것이지, 많이 배운다고 해서 생기는 것이 아니오."

"주교님, 한국 사람들은 태어나서 줄곧 이 땅에서만 살았습니다. 조상들도 마찬가지입니다. 서양에 대해서는 아무것도 모릅니다. 서양을 알아야 성경도 더 잘 이해할 수 있지 않겠습니까?"

"그만 하라니까요! 내가 안 된다면 안 되는 거요."

주교는 버럭 화를 냈습니다. 중근은 더 이상 주교를 설득하지 못했습니다.

중근은 허탈한 마음으로 발길을 돌렸습니다. 주교는 한국의 사정을 몰라도 너무 모른다는 생각이 들었습니다. 백성들이 무지몽매한 가운데 하느님을 믿으면 무슨 소용이 있습니까. 하느님도 가족이 있고 나라가 있을 때 믿는 것이지, 나라가 위태로운데도 성경책만 붙잡고 있으면 다 되는 걸까요.

중근은 화가 났습니다. 외국 사람은 역시 외국 사람일 뿐이라는 생각이 들었습니다. 중근은 다짐했습니다.

'성경의 진리는 믿을지언정, 다시는 외국 사람의 마음은 믿지 않겠다.'

집에 돌아와 그 날부터 중근은 홍 신부로부터 배우던 프랑스어 공부를 그만 두었습니다. 홍 신부도 그 사정을

알고 있었으니 다른 말은 하지 않았습니다. 같이 성경 공부를 하던 친구가 왜 그러느냐고 물었습니다.

"일본 말을 배우는 사람은 일본의 종이 되고, 영어를 배우는 사람은 영국의 종이 된다. 내가 만일 계속해서 프랑스 말을 배운다면 나도 프랑스의 종이 될 것이다. 그래서 그만뒀어. 만일 우리 나라가 세계에 그 이름을 떨친다면 세계 사람들이 우리 말을 배우려고 난리를 치겠지. 그 때는 프랑스 말을 배울 필요도 없을 거야."

중근의 말에 친구는 더 이상 대꾸를 하지 못했습니다. 그 뒤에도 중근은 성경 공부만은 열심히 해서 신앙심이 더욱 깊어졌습니다.

홍 신부의 기도

《안응칠 역사》에서 안중근은 홍 신부에 대해,
"홍 신부는 프랑스 사람으로 수도 파리에서 동양선교회 신품학교를 졸업한 후, 동정을 지키고 신품성사를 받아 신부가 된 분이다. 그는 재능이 뛰어나 많은 학문을 널리 알고 있었으며 영어, 불어, 독일어, 고대 로마어까지 모르는 것이 없었다.
1890년쯤에 한국에 와서 경성과 인천에서 몇 년간 살다가 1895년쯤에 황해도에 내려와 전교를 하였다. 그 때 나도 입교하여 영세를 받았고, 한동안 함께 지냈다."
라고 쓰고 있다.

홍 신부는 분명 안중근에게 많은 영향을 준 사람이었다. 그러나 의견이 맞지 않아 여러 번 다투기도 했던 것 같다.

홍 신부는 안중근이 의거를 하고 감옥에 갇혔을 때, 주교의 반대를 무릅쓰고 뤼순까지 안중근을 보러 온다. 그 때 홍 신부의 나이 53세였다. 안중근이 죽기 전에 홍 신부는 미사를 집전하고, 중근이 틀림없이 천국으로 갈 거라며 기도를 해준다.

5
학교를 세워 교육에 힘쓰다

　1895년 10월 7일, 일본 공사 미우라가 술 취한 일본 낭인(건달)들을 데리고 궁궐을 급습하여 명성황후를 죽이고 시체를 불태워 버리는 사건이 터졌습니다. 백성들은 분노했고 온 나라에서 의병이 일어났습니다.
　이 일을 뒤에서 꾸민 사람은 당시 일본 총리였던 이토 히로부미였습니다. 그래서 안중근은 법정에서 이토 히로부미를 죽인 첫 번째 이유가 명성황후를 시해하도록 한 죄라고 말했던 것입니다.
　1904년, 일본은 러시아가 우리 나라 정치에 간섭하고, 만주 지역에 조차지를 만들어 자기네 땅으로 삼으려 한다

며 러시아에 전쟁을 겁니다. 이 싸움을 러일전쟁이라고 합니다.

일본은 이 전쟁을 할 때, 우리 나라의 독립을 보장하고 영토를 지킨다며, 마치 우리 나라를 위해 전쟁을 하는 것처럼 떠들어 댑니다. 많은 사람들이 이 말을 믿고 일본을 지지하기까지 했습니다. 안중근도 그렇게 믿었습니다.

그러나 그것은 어디까지나 일본의 음흉한 계략일 뿐이었습니다. 일본은 인천으로 몰래 들어와 러시아 군함을 기습 공격하고 곧바로 서울을 점령합니다.

또 다른 일본 군대는 평양을 점령하고 압록강을 건너 러시아군과 격전을 벌입니다. 막강한 러시아군에 밀려 힘겹게 싸움을 벌이던 일본은 뤼순(만주 지역)에서 러시아 함대를 물리치고 마침내 전쟁을 승리로 이끕니다.

1905년, 전쟁에서 승리한 일본은 미국, 영국, 러시아에게서 한국의 지배를 공식적으로 인정받습니다. 이렇게 한 이유는 청일전쟁(1895) 때 러시아, 프랑스, 독일이 간섭하는 바람에 전쟁에 이기고도 이권을 챙기지 못했던 경험이 있었기 때문입니다.

그 해 11월, 마침내 일본은 우리 나라 정권을 강제로 빼앗습니다. 전권대사 이토 히로부미가 군대를 이끌고 궁궐에 들어가 조약을 맺도록 황제를 위협합니다. 황제가 도장 찍기를 끝까지 거부해 이토 히로부미는 할 수 없이 대신들을 위협하여 강제로 도장을 찍게 만듭니다. 이것이 바로 을사5조약입니다.

조약은 "한국은 일본의 허락 없이는 어떤 나라와도 교섭할 수 없다. 일본인 통감을 두어 모든 외교권을 관리한다." 따위의 5개조로 되어 있었습니다. 이것은 한국의 주권과 외교권이 없어지는, 한 마디로 나라를 빼앗긴 것이나 마찬가지였습니다.

황제가 직접 옥새를 찍은 것이 아니었기 때문에 이 조약은 실제로 무효이지만, 일본은 이토 히로부미를 초대 통감으로 임명하여 강제로 한국을 다스리기 시작합니다.

많은 선비들이 울분을 참지 못해 스스로 목숨을 끊었습니다. 양반, 관료, 군인, 평민 등 온 나라 백성이 또다시 의병을 일으켰습니다.

당시 27세이던 중근은 청계동에서 이 소식을 듣고 분노로 치를 떨었습니다. 중근은 아버지에게 의병을 일으켜 일본과 싸우자고 말했습니다. 그러나 아버지는 변변한 무기 하나 없이 일본과 싸워 봐야 괜한 목숨만 잃을 뿐이라며 반대했습니다.

중근은 가슴을 치며 울분을 삼켰습니다. 힘없는 나라의 설움을 뼈저리게 느꼈습니다. 아버지는 중국으로 건너가 일단 가족을 안정시키고 난 뒤에 일본과 싸워도 늦지 않을 것이라고 말했습니다.

중근은 오랫동안 망설였습니다. 몇 해 전부터 병이 들어 몸이 부쩍 약해진 아버지가 마음에 걸렸습니다. 또 장남으로서 수십 명이나 되는 가족을 돌봐야 하는 것도 큰 짐이었습니다.

중근은 결국 당장 의병을 일으키는 것은 포기하고 중국으로 건너가 가족이 살 만한 곳을 찾아보기로 했습니다.

"아버님, 상하이로 가 보겠습니다. 아버님은 짐을 꾸려 식구들을 데리고 진남포로 가 계십시오. 저도 일을 보고 그 쪽으로 가겠습니다."

아들의 결심을 듣고 아버지는 그저 고개만 끄덕일 뿐 아무 말도 못했습니다.

며칠 뒤, 중근은 중국으로 길을 떠났습니다. 산둥을 거쳐 상하이로 갔으나 처음 밟아 보는 중국 땅에서 무얼 어떻게 해야 할지 막막했습니다.

그러다, 한때 대신을 지낸 민영익이란 사람이 근처에 산다는 소문을 듣고 수소문 끝에 찾아갔습니다.

그런데 하인이 나와, 대감은 한국 사람은 만나지 않는다는 말을 하는 것이었습니다. 중근은 조금 이상한 느낌이 들었지만 그 날은 그냥 돌아갔습니다. 그러나 다음 날, 그 다음 날도 계속 찾아갔지만 민영익은 끝내 중근을 만나 주지 않았습니다. 한국 사람은 보지 않겠다는 그 말이 사실이었던 것입니다. 중근은 화가 머리끝까지 치밀었습니다. 그래서 집 안에다 대고 소리쳤습니다.

"한국 사람이 한국 사람을 만나지 않겠다면 당신은 도대체 어느 나라 사람이오? 나라의 녹을 먹은 신하가 어려운 처지에 있는 동포를 돌아보지 않고 혼자 편안히 살겠다면 도대체 이 나라 백성은 누굴 믿고 살란 말이오! 오늘날 우리 나라가 이렇게 어려워진 것도 당신과 같은 무능한 대관들 때문이 아니겠소!"

한참 그렇게 비난을 퍼붓고는 대문을 박차고 나왔습니다. 그 날 중근은 여관방에 돌아와 오래도록 잠을 이루지 못했습니다.

나라가 남의 손에 넘어가 국권을 잃어버렸는데, 외국에 나가 있는 관리들은 제 한 몸 살 궁리만 하고 있으니 나라 꼴이 어떻게 될까 하는 생각이 들어 가슴이 무너져 내리는 것 같았습니다.

중근은 상하이에 온 것이 후회가 되기도 했습니다. 이 먼 곳으로 정말 가족을 데리고 와야 할지도 망설여졌습니다. 설사 상하이에서 자리를 잡는다 해도, 그런 뒤 나라를 위해 무슨 일을 할 수 있을지 막막하기만 했습니다.

며칠이 지났습니다. 이른 아침, 중근은 근처에 있는 교회에 갔습니다. 그리고 답답한 마음을 달래려고 오랫동안 기도를 했습니다.

기도를 마치고 교회를 나서는데 신부 한 사람이 지나갔습니다. 두 사람은 무엇에 끌린 듯 서로를 돌아보았습니다.

"과, 곽 신부님 아니세요?"

"자네는 안도마가 아닌가?"

"그렇습니다, 신부님."

두 사람은 반갑게 손을 잡았습니다. 곽 신부(프랑스 이

름은 르각)는 황해도에서 전도를 하던 선교사로, 중근도 여러 번 만난 적이 있었습니다. 중근은 이렇게 먼 땅에서 평소에 존경하던 신부를 만나니 꿈만 같았습니다.

중근은 그 길로 곽 신부를 모시고 여관으로 갔습니다. 그리고 여러 시간 동안 얘기를 나눴습니다.

"신부님, 상하이에는 어떻게 오셨습니까?"

"홍콩에 볼일이 있어 왔네. 이제 상하이에 들렀다가 황해도로 가려던 참이었지. 자네는 어떻게 이 곳에 왔는가?"

"신부님, 나라가 얼마나 비참한 꼴로 떨어졌는지 아십니까?"

"얘기는 들었네."

"전국에서 의병이 일어나고 있지만 일본의 군사력을 당해 낼 수가 없습니다. 그래서 해외에서 독립을 위해 뭔가를 해볼까 하고 동정을 살피러 나왔습니다."

곽 신부는 한동안 말이 없었습니다. 이윽고 고개를 든 곽 신부는 중근을 뚫어지게 쳐다보더니 입을 열었습니다.

"나라를 생각하는 자네 마음을 내 모르는 바 아니네. 그래서 하는 말인데, 내 말이 틀리다면 자네 뜻대로 하고 조금이라도 내 말에 일리가 있다면 내 말대로 하는 것이 좋을 걸세."

"신부님, 말씀해 주십시오. 신부님의 고견을 듣고 싶습니다."

"일찍이 우리 나라 프랑스에서도 이와 비슷한 일이 벌어진 적이 있었네. 자네도 알겠지만, 알자스 지방은 독일과의 국경 지역인데 40년 이상 뺏고 빼앗기는 싸움을 벌였지. 그 땅을 쉽게 찾아올 수 없었던 것은 그 곳에 사는 사람들이 싸움을 피해 자기 땅을 버리고 떠나 버렸기 때문이네. 땅을 되찾아봐야 그 곳에 사람이 없으니 어떻게 우리 땅이라고 할 수 있겠나. 지금 한국이 그런 꼴이 될까 봐 걱정이네."

"제가 외국으로 나오려고 하는 것이 잘못됐다는 말씀입니까?"

"내 생각은 그렇다네. 제 나라 땅이 살기 힘들다고 너도 나도 조국을 등져 버리면 텅 빈 그 나라는 누가 주인이란 말인가? 그건 일본이 바라는 것을 스스로 도와 주는 것밖에 더 되겠는가? 자네는 외국에서 일본을 성토하면 세계 여러 나라가 자네 나라를 불쌍하게 여기고 도와 줄 거라고 말하지만 나는 그렇게 생각하지 않네. 지금 세계 열강들은

일본과 다를 게 없어. 서로 다투어 식민지를 세우고 자기네 이익을 챙기기 바쁜데, 자네 나라 같은 조그만 나라의 억울함에 귀 기울여 줄 것 같은가?"

"시, 신부님……."

"강토를 빼앗긴 것은 형식에 불과하네. 종이 위에 적힌 글자 몇 자로 하루아침에 한 나라의 백성까지 모두 자기네 국민으로 바꿀 수 있을 것 같은가? 어렵고 힘들더라도 국민이 내 나라를 지키고 앉아, 목숨을 버릴 각오로 싸울 준비를 한다면 언젠가는 나라를 되찾을 수 있을 걸세.

"그럼 고국으로 돌아가린 말씀이십니까?"

"그건 자네가 알아서 결정할 일이야."

"고국으로 돌아간다면 어떻게 했으면 좋겠습니까?"

"내 생각은, 지금 당장은 일본과 싸워 봤자 승산이 없을 거야. 먼저 힘을 길러야 하네. 자네가 만약 고국으로 돌아간다면 힘써 해야 할 일은 이런 게 아닐까. 첫째는 교육을 일으키는 것이요, 둘째는 사회를 계몽하는 것이요, 셋째는 국민이 단결하는 것이요, 넷째는 실력을 양성하는 것이니, 이 네 가지를 이룬다면 일본이 아무리 강하다 해도 한국을 쉽게 무너뜨리지 못할 걸세."

"신부님, 제가 미처 그 생각을 못했습니다. 신부님 말씀이 옳습니다."

중근은 그 자리에서 벌떡 일어났습니다. 그리고 곽 신부에게 큰 절을 올렸습니다.

"신부님, 제 갈 길을 밝혀 주셔서 감사합니다. 신부님 말씀대로 따르겠습니다."

"그렇게 한다면 다행이지. 그럼, 고향에서 만나세."

"네, 알겠습니다."

중근은 그 길로 여관을 나와 항구로 갔습니다. 그리고 진남포 행 배를 타고 고국으로 돌아왔습니다. 그런데 진남포에서는 너무나도 슬픈 소식이 중근을 기다리고 있었습니다.

아버지가 돌아가신 것이었습니다. 중근을 떠나보내고 가족을 데리고 진남포로 내려오다 병세가 깊어져 결국 도중에 숨을 거두신 것입니다.

중근은 하늘이 무너지고 땅이 꺼지는 것 같았습니다. 그 자리에 털썩 주저앉아 울었습니다. 눈물이 그치질 않았습니다.

나라가 이렇게 어지러운데 아버지까지 돌아가셨으니,

중근의 마음은 천길 낭떠러지로 떨어지는 것 같았습니다. 언제나 튼튼한 바람막이로 자신을 밀어 주고 힘이 되어 주셨던 아버지가 이제 없다고 생각하니, 세상 천지에 혼자가 된 것 같은 기분이었습니다.

중근은 울다가 몇 번이나 까무러쳤습니다. 가족들의 위로로 겨우 정신을 차린 중근은 청계동으로 갔습니다. 중근은 아버지 묘소에 절을 하고 며칠 동안 자리를 떠나지 않았습니다.

중근은 가족과 함께 그 해 겨울을 청계동에서 보냈습니다. 그 때 평소 즐겨 마시던 술을 끊었습니다. 중근은 조국이 독립되는 날까지 한 방울의 술도 입에 대지 않겠다고 맹세했습니다.

다음 해(1906) 봄, 중근은 가족을 데리고 진남포로 이사를 했습니다. 집을 한 채 지어 살림을 마련하고 재산을 정리해 학교를 세웠습니다. 처음에 세운 것이 삼홍학교였습니다.

중근은 열심히 학교를 운영했습니다. 중근의 두 동생, 정근과 공근도 도와 주었습니다. 나라를 살리기 위해서는 먼저 실력을 키워야 한다는 곽 신부의 말을 되새기고 또 되새겼습니다.

그 뒤 중근은 경영이 어려워 문을 닫을 위기에 처해 있던 돈의학교도 인수해 학생들을 가르쳤습니다.

그 무렵 나라 곳곳에서는 국채보상운동이 벌어지고 있었습니다.

일본은 한국을 지배하려면 나라 재정을 빼앗아야 한다는 계책을 세우고 우리 나라에 돈을 빌려 주었습니다. 당시 돈으로 천삼백만 원이었는데 이는 그 때 우리 나라 일 년 예산과 맞먹는 금액이었습니다.

이것은 일본이 우리 나라를 경제적으로 예속시키려는 수작이기도 했지만, 우리 나라를 식민지로 건설하는 데 드는 비용을 빌려 준 돈으로 해결하려는 교활한 술책이 숨어 있기도 했습니다.

이에 서상돈이란 사람이 《대한매일신보》에 나라 빚을 갚자는 글을 썼습니다. 국민 모두가 3개월 동안 담배를 피우지 않으면 나라 빚 천삼백만 원을 모을 수 있다는 주장이었습니다. 이것을 국채보상운동이라고 하는데, 많은 백성들이 여기에 동참했습니다. 서민, 노동자, 인력거꾼, 기생, 백정 등 천대받는 백성들에서부터 부녀자까지 비녀, 가락지, 노리개 따위의 패물을 들고 나와 의연금으로 내놓았습니다.

이 사실을 들은 중근은 당장 황해도 지역 지부를 만들고 국채보상운동을 벌였습니다. 중근은 여러 곳을 돌아다니며 왜 나라 빚을 갚아야 하는지를 설명했습니다. 많은 사람들이 중근과 생각을 같이하고 뜻을 모았습니다.

그러던 어느 날, 중근이 여러 사람들과 회의를 하고 있는데 한 일본 순사가 조사를 하러 왔습니다.

"회원은 몇 명이고 논은 얼마나 서뒀나?"

일본 순사는 아주 위압적으로 물었습니다. 중근이 나서서 말했습니다.

"회원은 이천만 명이고, 돈은 천삼백만 원을 모으려고 하오."

그러자 일본 순사가 눈살을 찌푸리며 말했습니다.

"한국인은 미개한 민족인데 도대체 무슨 일을 할 수 있단 말이냐?"

일본 순사는 아주 능글맞게 비웃었습니다. 중근도 웃으면서 말했습니다.

"빚을 진 사람은 빚을 갚으면 되는 것이고 빚을 준 사람은 빚을 받으면 그만이지, 왜 민족을 들먹이며 욕을 하는 거요. 한국인의 애국심이 부러워 질투하는 거 아니오?"

"뭐라고!"

일본 순사는 화를 벌컥 내더니 중근에게 주먹을 휘두르며 달려들었습니다. 가만히 맞고 있을 중근이 아니었습니다. 중근도 두 주먹을 불끈 쥐고 일본 순사와 맞섰습니다.

어릴 때부터 사냥과 말타기로 단련된 중근을 일본 순사가 이기기는 힘들었습니다. 일본 순사의 코가 터지고 얼굴이 찢어졌습니다. 옆에 있던 사람들이 뜯어말렸습니다.

"어디 두고 보자."

일본 순사는 피투성이 얼굴을 하고 씩씩거리며 돌아갔습니다. 일본 순사가 사라지자 사람들은 환호성을 지르며 박수를 쳤습니다.

"십 년 묵은 체증이 확 풀리는구만!"

중근도 사람들과 함께 웃었습니다. 두고 보자던 순사는 그 뒤로 다시는 나타나지 않았습니다. 그도 그럴 것이 스스로 미개하다고 한 한국 사람에게 얻어맞았으니 어디 가서 하소연을 하겠습니까.

국채보상운동이 전국으로 확대되자 이토 히로부미는 나라를 어지럽게 한다는 핑계를 내세워 이를 탄압했습니다. 그래서 그 운동은 결국 성공하지 못했습니다.

 ### 진남포에서의 만남

안중근의 재판 기록을 보면 서북학회의 안창호가 진남포에 와서 연설을 할 때, 안중근도 들었다고 한다. 이 때 안중근은 대단히 감동을 받았다고 한다.

도산 안창호

안창호는 안중근보다 일 년 앞서 평양에서 태어났다(1878). 일본이 서서히 한국을 집어삼키려 할 즈음인 1900년에 안창호는 미국으로 유학을 갔다. 그 곳에서 한국의 독립을 알리는 운동을 하다가 실력 양성이 무엇보다 중요하다는 것을 깨닫고 귀국한다.

귀국해서 안창호는 신민회, 청년학우회를 만들고, 교육과 부국강병만이 나라를 살릴 수 있다는 믿음으로 전국을 돌며 유세(연설)를 하고 다녔다. 그 때 진남포에서 안중근을 만난 것이다. 하지만 안중근의 기록에는 안창호에 대한 얘기가 나오지 않는다.

안창호는 안중근 의거 사건으로 체포되어 감옥에 갇혔다가 풀려난다. 한일합방이 된 1910년에 다시 미국으로 갔다가, 상하이 임시정부에서 내무총장이 된다.

안창호는 투철한 애국 정신으로 오로지 나라의 독립을 위해 싸우다, 몇 차례의 감옥 생활로 악화된 건강 때문에 1937년에 숨을 거둔다.

6
의병 참모중장으로
일본군과 싸우다

1907년, 일본은 우리 나라를 완전히 병탄(남의 것을 자기 것으로 만들어 합침)하려고 막바지 흉계를 꾸미고 있었습니다.

그 해 6월, 고종 황제는 네덜란드 헤이그에서 만국평화회의가 열린다는 말을 듣고 세 명의 밀사(이상설, 이준, 이위종)를 그 곳으로 보냈습니다.

을사5조약은 무효이며, 일본이 한국을 집어삼키려 한다는 것을 세계 여러 나라에 알리려는 생각으로 그렇게 한 것입니다.

그러나 만국평화회의는 겉으로는 세계 평화를 이루자고

모였지만, 속으로는 그들이 차지한 식민지를 싸우지 말고 서로 잘 나누어 갖자고 모인, 그야말로 도둑들의 만찬이었습니다.

그러니 세계 열강이 동양의 조그만 나라 한국에 관심을 가져 줄 리 없었습니다. 일본의 방해도 있었지만 어쨌든 한국의 독립을 알리는 데는 실패하고 말았습니다.

헤이그 밀사 사건은 이토 히로부미에게 아주 좋은 빌미를 주었습니다. 이토는 곧바로 고종 황제를 강제로 퇴위시키고 아들 순종을 황제에 앉힌 다음, 정미7조약(1907년 7월)을 맺게 합니다.

정미7조약은 병탄(1910년 한일합방)으로 가기 위한 마지막 조약이었습니다. 이제 통감인 이토 히로부미가 나라의 관리들을 아예 마음대로 일본인으로 채울 수 있게 되었습니다. 이로써 전국에서 수천 명의 관리가 일본인으로 바뀝니다. 8월에는 한국 군대를 강제로 해산시킵니다. 군대가 없는 나라, 그것은 더 이상 나라라고도 할 수 없습니다.

온 나라에서 또다시 의병이 일어났습니다. 쫓겨난 군인들이 의병에 참가한 것은 당연한 일이었습니다. 1만여 명 이상이 양주(양평)에 모여 13도 창의군을 결성했습니다.

서울에 진격하여 일본을 몰아 내고 나라를 되찾자는 함성이 하늘을 찔렀습니다. 그러나 갑자기 모인데다가, 사전에 정보를 입수한 일본군의 반격으로 의병군은 제대로 싸워 보지도 못하고 패하고 맙니다.

일본은 내친김에 아예 의병의 씨를 말리려고 전국을 이잡듯 뒤져 조금이라도 의심이 가는 사람은 모조리 잡아 죽였습니다. 이 때 수십만 명의 의병과 선량한 백성이 죽었습니다.

살아남은 의병들은 모두 만주나 연해주(두만강 북쪽 러시아 지역)로 갔습니다. 그 곳에서 다시 힘을 모아 일본과 싸우기 위해서였습니다.

그 무렵 석탄 광산업에 손을 댄 중근은 일본 사람의 방해로 많은 돈을 잃었습니다. 정미7조약이 체결되었고 수많은 의병이 죽었다는 얘기를 들은 중근은 울분을 삭이지 못했습니다. 실력을 키워 일본에 대항하려던 마음도 흔들렸습니다.

'나라가 이 지경에 이르렀는데, 이대로 앉아 있을 수는 없다. 실력 양성도 좋지만 나라가 망하고 나서 힘을 키워 봤자 무슨 소용이 있겠는가.'

중근은 어머니께 말했습니다.

"어머님, 온 나라의 백성이 일본군의 총칼 앞에서 죽어 가고 있습니다. 더는 참을 수가 없습니다. 만주로 가서 일본군과 싸우겠습니다. 허락해 주십시오."

어머니는 말이 없었습니다. 도대체 무슨 말을 할 수 있겠습니까. 자식의 목숨보다 더 소중한 것이 또 무엇이 있겠습니까. 하지만 그것이 두려워 가지 말라고 한다면 이 나라 백성 어느 누가 목숨을 바쳐 싸움터에 나가겠습니까.

어머니는 허리춤에서 조그만 주머니를 꺼내 중근 앞에

내어놓았습니다. 그리고 조용히 말했습니다.

"내가 가진 건 이것밖에 없다. 가는 길에 노자로 쓰거라."

중근은 어머니께 큰 절을 올리고 방을 나왔습니다. 바깥에는 아내와 두 동생, 정근과 공근이 어두운 얼굴로 중근을 기다리고 있었습니다.

중근은 아내에게 어린 자식들을 잘 부탁한다고 말했습니다. 아내는 그저 눈물만 흘렸습니다.

두 동생에게도 어머니 잘 모시고, 나중에 나라를 위해 큰 일을 할 때가 올 것이니 지금은 실력을 키우라고 말했습니다.

동생들은 고개를 끄덕였습니다. 형을 따라가겠다고 말

하고 싶었지만 성격이 불 같은 형이 한 번 결정한 것은 바꾸지 않으리라는 것을 알기 때문에 그저 무사하기만을 빌었습니다.

중근은 그 날 바로 길을 떠났습니다. 먼저 두만강을 넘어 만주 땅에 갔으나 곳곳에 자리 잡고 있는 일본군 때문에 발붙일 데가 없었습니다.

일본은 의병들이 만주나 연해주로 간다는 것을 알고 벌써 이 곳에 수십만의 병력을 보내 의병 토벌 작전을 벌이고 있었던 것입니다.

중근은 두만강 북쪽 러시아 땅으로 들어갔습니다. 그렇지만 그 쪽 국경 지역에도 어김없이 일본군이 자리를 잡고 있었습니다.

중근은 좀더 북쪽으로 올라갔습니다. 그래서 다다른 곳이 바로 블라디보스토크였습니다. 이 곳에는 한국인이 수천 명이나 살고 있었습니다. 학교도 두어 군데 있었고 청년회도 만들어져 있었습니다.

중근은 청년회에 들어갔습니다. 그 곳에서 엄인섭과 김기룡이라는 두 동지를 만나 의형제를 맺었습니다.

세 사람은 여러 곳을 돌아다니며 많은 한국 사람을 만

나 나라 일을 의논하기도 하였고, 군중 앞에서 연설을 하기도 했습니다. 중근은 연설을 할 때마다 쓰러진 조국을 되찾기 위해서는 의병을 일으켜야 한다고 주장했습니다. 중근의 연설에 감동한 사람들은 의병이 되기도 하고 물건이나 의연금을 내놓기도 했습니다.

그 무렵 김두성과 이범윤이 그 곳에서 의병을 일으켰습니다. 중근은 모집한 의병들을 데리고 그 부대에 합류했습니다. 중근의 직책은 참모중장이었습니다.

그 때 두만강 근처 우리 땅에 홍범도 장군이 이끄는 의병 부대가 있었는데, 그 부대와 김두성의 부대가 합쳐 일본군과 싸우자는 모의가 있었습니다.

중근은 부대가 작고 훈련이 덜 되어 있어 아직은 싸움을 하기에 이르다며 반대했습니다. 그러나 김두성은 그럴 여유가 없다며 부대를 출동시켰습니다.

1908년 6월, 드디어 중근의 의병 부대는 두만강을 건너 한국 땅으로 들어섰습니다. 하지만 곳곳에 일본군이 진을 치고 있어서 쉽게 이동할 수 없었습니다.

부대는 낮에는 숲 속에 숨어 있다가 밤이 되면 움직였습니다. 그러던 어느 날, 일본군과 바로 코앞에서 맞닥뜨

리게 되었습니다. 피할 수 없는 상황이었습니다.

삽시간에 양쪽에서 총알이 날아오고 총 소리가 숲 속을 뒤흔들었습니다. 여기저기서 비명 소리가 들렸습니다. 싸움은 몇 시간 동안이나 계속되었습니다. 마침내 일본군이 달아나기 시작했습니다.

무기도 버리고 달아나는 일본군 몇 명을 의병이 쫓아가 사로잡았습니다. 의병들은 만세를 불렀습니다. 중근의 부대가 이긴 것입니다.

중근은 사로잡은 일본군을 불러서 물었습니다.

"너희는 이 전쟁이 올바르다고 생각하느냐? 일본이 동양의 평화를 깨고 얼마나 많은 사람들을 무참히 죽였는지 알고 있느냐?"

일본군 하나가 눈물을 흘리며 말했습니다.

"알고 있습니다. 저희도 어쩔 수 없이 총을 들고 싸우고 있을 뿐입니다. 이 모든 것은 이토 히로부미 때문입니다. 이토가 제 마음대로 권력을 휘둘러서 다른 나라와 전쟁을 일으키고 있는 것입니다. 이렇게 죽는 것이 너무도 억울합니다. 죽어서도 이토를 저주할 것입니다."

그 일본군은 말을 마치고 흐르는 눈물을 훔쳤습니다.

다른 포로도 고개를 떨구고 눈물을 흘렸습니다. 중근이 말했습니다.

"그래, 너 말 잘했다. 이 모든 불행의 원인은 바로 이토, 그자 때문이다. 너희나 우리나 모두 죄 없는 사람이다. 너희도 돌아가면 처자식이 있을 터, 얼마나 보고 싶겠느냐."

중근은 잠시 말을 끊고 생각에 잠겼다가 결심한 듯 다시 말을 했습니다.

"이제 너희를 살려 줄 테니, 돌아가면 남의 나라를 침략해서 죄 없는 사람을 학살하는 그런 전쟁엔 절대로 참여하지 말라. 내 말을 지킬 수 있겠느냐?"

"예, 그렇게 하겠습니다."

"좋다, 돌아가라."

"살려 주셔서 감사합니다. 이 은혜 절대 잊지 않겠습니다."

일본군은 땅이 꺼져라 머리를 조아리며 몇 번이고 절을 했습니다. 그러고는 뒤도 돌아보지 않고 산 아래로 내려갔습니다.

중근이 일본군을 놓아 주자 장교들이 불만을 터뜨렸습

니다.

"얼마나 힘들게 잡은 적인데 그냥 풀어 주십니까?"

"적군도 사람 아닌가. 더구나 그들이 잘못을 뉘우치고 있는데 더 이상 붙잡고 있을 이유가 없지 않은가. 우리가 이동하는 데 방해만 될 뿐이오."

"적들은 우리 의병을 잡으면 남김없이 참혹하게 죽이는데, 우리도 사로잡은 적을 죽여야지, 살려 두면 도리어 우리에게 해만 될 것입니다."

"그런 소리 마시오. 국제 공법에도 포로는 죽이지 말라고 되어 있소. 나중에 양쪽의 포로를 맞바꾸거나, 배상을 받고 돌려주게 되어 있단 말이오."

"틀림없이 저놈들은 돌아가서 우리 위치를 적들에게 알려 줄 것입니다."

불만을 터뜨린 장교들은 여기 있으면 위험할 거라며 자기 부대를 데리고 떠나 버렸습니다. 중근은 붙잡지는 못하고 그저 혀를 차며 한숨만 지었습니다.

그런데 얼마 지나지 않아, 떠나 버린 장교들 말처럼 일본군이 쳐들어왔습니다. 정말, 중근이 너무 쉽게 적군을 놓아줘 버린 것이었습니다. 살려 보내 준 그 일본군이 배

신을 하고 자기네 군대에게 알린 것이 틀림없었습니다.

다시 전투가 벌어졌습니다. 총알이 빗발치듯 쏟아졌고, 병사들의 아우성 소리가 하늘을 찔렀습니다. 싸움이 벌어지는 동안 해가 저물었습니다. 엎친 데 덮친 격으로 비까지 내리기 시작했습니다.

한치 앞도 내다보기 힘든 가운데 총 소리는 그치질 않았습니다. 중근은 이리 뛰고 저리 뛰며 싸움을 북돋았지만 형세가 어떻게 돌아가는지 알 수가 없었습니다. 그렇게 길고도 긴 밤이 지나갔습니다.

이튿날, 밤새 어지러웠던 총 소리는 멎었습니다. 비도 그치고 아침 햇살이 나무 사이로 쏟아져 내렸습니다. 중근은 지친 몸을 일으켜 둘레를 살펴보았습니다.

다친 사람까지 해서 칠팔십 명의 병사들이 여기저기에 흩어져 있었습니다. 모두들 배고픔과 피로에 지쳐 있었습니다. 일본군은 보이지 않았습니다.

중근은 병사들을 데리고 가까운 마을에 들어가 보리밥을 좀 얻어 배고픔을 달랬습니다. 얼마쯤 휴식을 하고 중근은 흩어진 다른 병사들을 찾기 위해 다시 산으로 올랐습니다.

그런데 산 속에서 그만 복병을 만나 또다시 총알 세례를 받았습니다. 싸울 준비도 되어 있지 않은 상태에서 적의 공격을 받자 병사들은 너나없이 총알을 피해 뿔뿔이 흩어져 버렸습니다.

중근도 어쩔 수 없이 도망을 치다 문득 정신을 차려 보니 옆에는 겨우 세 명의 병사만이 있었습니다. 병사들은 그 자리에 털썩 주저앉아 탄식을 했습니다.

"이제 어쩌나, 부대는 산산조각나 버렸고 사방 천지에 일본군이 득실대니……."

병사들은 갈피를 잡지 못하고 멍한 눈으로 하늘만 쳐다보았습니다. 중근도 가슴이 찢어질 듯 괴로웠습니다. 그러나 그저 절망만 하고 있을 수는 없었습니다.

"지휘관으로서 여러분을 대할 면목이 없습니다. 하지만 여기에 이렇게 주저앉아 있다가는 더 큰 위험이 닥칠지도 모릅니다. 일단 여길 피합시다."

중근의 말에 병사들은 겨우 정신을 차리고 자리에서 일어났습니다. 중근은 세 명의 병사와 함께 산길을 헤치고 나아갔습니다.

장맛비가 내리기 시작하더니 며칠이고 쉬지 않고 쏟아

져 내렸습니다. 낮에는 바위틈이나 조그만 동굴 같은 데 숨고, 밤에 길을 재촉했습니다.

그렇게 사오 일을 걸었습니다. 신발은 다 떨어져 맨발이 되었고, 너덜너덜 해진 옷은 바람도 비도 막아 주지 못했습니다. 벌써 며칠째 아무것도 먹지 못한 병사들은 풀뿌리를 캐어 먹고 개울물을 퍼마시며 주린 배를 채웠습니다.

어쩌다 사람 사는 집이 보여 달려가 보면 일본군이 지키고 있어 부리나케 달아나기도 했습니다. 어떤 날은 길을 걷다가 그대로 쓰러져 정신을 잃기도 했습니다. 너무 배가 고팠기 때문입니다.

어느 날, 깊은 산골에서 민가 한 채를 발견했습니다. 중근과 병사들은 이래 죽으나 저래 죽으나 마찬가지라는 생각에 그 집으로 달려갔습니다.

그 집 주인은 밥 한 사발을 내오며 말했습니다.

"이 밥을 가지고 어서 빨리 가시오. 어제 아랫마을에 일본군이 와서 의병에게 밥을 주었다고 다섯 사람이나 죽이고 갔소. 각박하다고 날 나무라지 말고 어서들 가시오."

중근과 병사들은 그저 고개 숙여 절만 하고 밥그릇을 안아 쥐고 산으로 올라갔습니다. 민가에서 한참 떨어지자

네 사람은 밥을 나누어 정신 없이 먹었습니다.

목구멍을 타고 넘어가는 밥맛은 이 세상 그 무엇과도 바꿀 수가 없었습니다. 밥 구경을 못한 지가 일 주일도 넘었으니 그럴 수밖에 없었을 겁니다.

그렇게 달디단 밥을 마파람에 게눈 감추듯 먹어치우고 네 사람은 다시 길을 떠났습니다. 장맛비는 여전히 그치지 않았습니다. 찢어지고 갈라진 맨발을 담요로 감싸 겨우 걸음을 옮겼습니다.

이틀이 지나 또 민가 한 채를 발견했는데, 주인이 몽둥이를 들고 나와 누구 죽일 일 있냐며 내쫓았습니다.

또 이틀이 지났습니다. 중근과 병사들은 한 끼도 먹지 못했습니다. 며칠 전에 먹은 밥이 눈앞에 어른거렸습니다. 지금 바로 눈앞에 일본군이 나타나 밥을 준다면 차라리 목숨을 내놓고 받아 먹을 것 같았습니다.

네 사람은 거의 살기를 포기하고 기진맥진 산길을 걸었습니다. 눈앞에, 두고 온 고향 산천과 부모님, 형제들이 보였습니다. 헛것이 보이기 시작한 거지요.

그 때 중근은 나무 사이로 민가 한 채를 발견했습니다.

"도, 동지들, 집이요!"

네 사람은 비틀거리며 그 집으로 걸어갔습니다. 일본군이 나온다 해도 더 이상 도망칠 기력도 없었습니다.

중근이 방문을 두드리자 한 노인이 나왔습니다. 노인은 네 사람의 몰골을 보더니 눈을 둥그렇게 뜨고 놀랬습니다.

"어허, 꼴이 말이 아니구려. 어서 들어오시오."

노인은 반갑게 네 사람을 맞더니 아이를 시켜 음식을 내오게 했습니다. 음식이 한 상 가득 나왔습니다. 네 사람은 앞뒤 가리지 않고 허겁지겁 음식을 먹었습니다.

네 사람이 배부르게 음식을 다 먹자, 노인이 말했습니다.

"나라가 위급하니 젊은이들이 고생이구려. 그 동안 얼마나 고생이 많았소. 부디 용기 잃지 마시고 나라를 위해 힘써 주시오."

노인은 그렇게 말하고 두만강 넘는 길을 자세히 가르쳐 주었습니다. 중근은 너무 고마워 성함이라도 좀 알자고 물었으나 노인은 끝내 말해 주지 않았습니다.

네 사람은 노인에게 여러 번 절을 하고 길을 떠났습니다. 노인이 가르쳐 준 대로 가자 며칠 안 가 두만강을 무사히 넘을 수 있었습니다.

그렇게 죽을 고비를 수십 번 넘기고 중근은 마침내 살아서 러시아 땅으로 돌아왔습니다. 홍범도 장군은 만나 보지도 못하고 말입니다. 중근이 날짜를 따져 보니 일본군에 쫓겨 산 속을 헤맨 지가 무려 한 달 반이나 되었습니다.

애국지사의 손자

《대한국인 안중근》이란 책을 보면 안중근의 손자 안웅호 씨 얘기가 나온다. 웅호 씨는 안중근 의거가 있고 난 뒤, 가족들이 얼마나 힘들게 살았는지를 생생하게 전해 주고 있다.

안중근이 죽자, 아내 김아려는 세 자녀를 데리고 만주와 중국 여러 곳을 전전하며 살아간다. 일본군의 감시가 너무 심해 한국 땅에서는 살 수 없었기 때문이다.

중근이 신부로 키워 달라고 당부했던 첫째 아들 분도는 여덟 살 무렵에 병으로 죽었다. 둘째 아들 준생은 상하이에서 가족을 거느리고 바이올린을 연주하며 근근이 생활을 이어갔다. 웅호는 거기서 태어났다.

해방 후, 준생은 한국에 들어와 서울에서 생활했는데, 곧이어 6·25 전쟁이 터졌다. 인민군이 서울을 점령하고 국군을 잡는다며 피난을 가지 못한 사람들을 마구잡이로 죽였는데, 그 때 준생의 집에도 쳐들어왔다.

인민군이 준생의 아들, 웅호를 붙잡아(당시 17세) 앞뒤 가리지 않고 머리에 총구를 겨누었다. 그것을 본 아버지가 안씨 핏줄이 끊어진다며 살려 달라고 소리쳤다.

인민군은 무슨 놈의 안씨 타령이냐며 방아쇠를 당기려 했다. 아버지가 엉겁결에 그 애는 안중근의 손자라고 말하자 인민군의 눈이 휘둥

가족 사진. 부인 김아려와 차남 준생, 그리고 장녀 현생

그레졌다.

"뭐? 안중근? 안중근의 손자라. 비록 공산주의자지만 우리는 한겨레다. 안중근이 누군지는 우리도 안다. 애국지사의 손자를 죽일 수야 있겠는가."

인민군은 그렇게 말하고 총을 내렸다. 죽어서 이름을 남긴 할아버지가 손자의 목숨을 살린 것이다.

웅호는 그 뒤 미국에 건너가 그 곳에서 학위를 따서 의사가 되었다. 안중근의 손자임을 언제나 자랑스럽게 여겼으며, 할아버지에게 누가 되지 않도록 항상 몸가짐을 조심하며 살았다고 한다.

7
거사 계획과 실행

함경도에서 일본군과 싸우다 구사일생으로 살아난 중근은 그 해 겨울을 연해주 지방(노브키에프스크, 하바로프스크)에서 보냈습니다.

중근은 그 곳에서도 블라디보스토크에서처럼 조직을 만들고 청년들을 가르치며 독립 운동을 역설하고 다녔습니다.

어느 날에는 일진회(친일 단체) 무리를 만나 큰 봉변을 당하기도 했습니다. 그들은 중근을 잡아 일본군에 넘겨 상금을 받으려 했으나 중근이 강력하게 저항하자 그냥 풀어주고 달아났습니다.

1909년 봄, 중근은 노브키에프스크에서 12명의 동지와 함께 단지 동맹(손가락을 잘라 동지를 맺음)을 맺었습니다. 12명은 왼손 네 번째 손가락을 잘라 그 피로 태극기에다 '대한독립'이라고 크게 썼습니다. 그리고 죽을 때까지 한국의 독립을 위해 몸바칠 것을 맹세했습니다.

봄, 여름을 노브키에프스크에서 보내면서 중근은 동지 몇 명과 함께 한국으로 들어가 여러 기지 정황을 살펴보고 싶었으나 자금을 마련하지 못해 뜻을 이루지 못했습니다. 그러다 보니 어느새 9월이 되었습니다.

그 무렵 중근은 이상하게 마음이 울적하고 까닭 없이 초조함을 느꼈습니다. 북쪽 지방은 가을이 일찍 오니 자신이 가을을 타나 보다 하고 생각했습니다. 불현듯 어머니와 두 동생 그리고 아내와 어린 자식들이 보고 싶었습니다.

마침 그 때 정대호란 고향 친구를 만나 고향 소식을 전해 들었습니다. 중근은 더욱 가족들이 보고 싶었습니다. 정대호가 말했습니다.

"여보게, 중근이. 그러지 말고 가족들을 이 곳으로 데리고 오게. 혼자서 이렇게 외롭게 있으니 사람이 약해지는 게 아닌가?"

"무슨 소린가. 나라를 위해 목숨을 바칠 것을 맹세한 장부가 사사로운 정에 끌려서야 되겠나."

"그런 소리 말게. 가족이 옆에 있으면 적의 감시도 덜 받을 걸세."

"글쎄, 나라고 왜 가족이 보고 싶지 않겠나. 하지만……."

"내 이번에 황해도로 갈 일이 있는데, 자네 가족을 모시고 옴세."

중근이 대답을 못하고 머뭇거리고 있는데 정대호가 자꾸 부추겼습니다. 중근은 결국 그렇게 하라고 말했습니다.

정대호가 떠난 지 얼마 되지 않아 중근은 블라디보스토크로 갔습니다. 거의 일 년 만에 블라디보스토크의 동지들과 만난 중근은 반갑게 회포를 풀었습니다.

중근은 새로운 기운이 솟아나 열심히 일했습니다. 여러 곳을 다니며 연설도 하고 의병을 다시 일으킬 계획도 세웠습니다.

그러던 어느 날 《대동공보》라는 신문사에서 연락이 왔습니다. 《대동공보》는 러시아에 사는 한국인들이 만든 신문으로, 독립 정신을 고취하는 글을 많이 싣고 있었습니다. 중근도 이 신문에 글을 보내어 한 번 실린 적이 있었습니다.

중근이 신문사에 들어가니 주필인 이강과 우덕순이 함께 있었습니다. 이강은 중근이 신문사에 자주 들르면서 잘 아는 사이였고, 우덕순은 중근이 러시아에 들어오면서 알게 되었는데, 생각이 싶고 애국심이 투철해 깊이 신뢰하는 사람이었습니다. 충청북도 제천 사람으로, 서울에서 잡화상을 하다가 4년 전에 러시아로 건너와 의병 활동을 하고 있었습니다. 우덕순은 이 곳에서《대동공보》판촉 영업과 담배 행상을 하고 있었습니다.

"어서 오시오, 안 선생."

이강이 중근을 반갑게 맞았습니다.

"안 동지, 오랜만이오."

우덕순도 웃으면서 인사를 했습니다. 세 사람은 둥그런 책상 앞에 둘러앉았습니다. 이강이 중근 앞에 러시아 신문 한 장을 펼쳐 보였습니다.

"뭡니까? 전 러시아어를 모릅니다."

이강이 신문 기사를 손으로 가리키면서 말했습니다.

"이토 히로부미가 러시아에 온다네."

"뭐라고요?"

중근은 펄쩍 뛸 정도로 놀랐습니다.

"러시아에? 어, 어디에 온다는 겁니까?"

"하얼빈."

'하얼빈? 이토! 그 늙은 도적이 이제야 내 손에 걸려들었구나!'

중근은 주먹을 불끈 쥐며 눈을 부릅떴습니다.

"안 선생, 어떻게 할 거요?"

이강이 중근을 쳐다보며 물었습니다.

"뭘 묻는 겁니까? 당연히 이토를 처단해야지요!"

"나도 함께 가겠소."

우덕순이 말했습니다.

그로부터 며칠 뒤, 중근과 우덕순은 이강의 배웅을 받으며 하얼빈 행 기차에 올랐습니다.

"여러분 두 사람이 이천만 한국 동포를 짊어지고 갑니다."

이강은 그렇게 말하고 돌아서서 눈물을 흘렸습니다. 하얼빈 행 기차가 기적을 울리며 출발했습니다. 차창으로 보

이는 두 사람의 얼굴이 뜨거운 의기로 붉게 타올랐습니다.

1909년 6월, 이토는 한국 통감 자리를 내놓고 추밀원 의장이란 자리에 앉았습니다. 그 자리는 국가 원로에게 주는 별로 중요하지 않은 자리였지만, 이토는 여전히 일본을 대표하는 최고의 실력자였습니다.

이보다 두 달 전인 4월에 일본 정부는 한국 합병(1909년 7월에 각료 회의에서 의결함)을 비밀리에 결정했습니다. 그리고 국제적인 비난을 최소한으로 줄이면서 차근차근 합병 절차를 밟을 계획을 세웠습니다.

그 첫 번째 순서로 러시아와 만나 만주 땅을 적당히 나눠 가지면서 화해 분위기를 조성한 다음, 한국 합병을 러시아가 인정하도록 할 작정이었습니다. 그 일을 성사시킬 사람은 이토 히로부미밖에 없었습니다.

그래서 그 해 10월, 추밀원 의장 이토는 돌아오지 못할 긴 여행을 떠나게 된 것입니다. 겉으로는 만주 시찰을 한다고 했지만 실은 러시아 대신 코코프체프를 만나 한국 합병에 따른 대책을 논의하기 위해서였습니다.

하얼빈으로 가는 도중에 두 사람은 수분하라는 곳에 내

렸습니다. 두 사람 다 러시아 말을 못 했기 때문에 통역이 필요했던 것입니다. 그 곳에서 중근은 한의원을 하는 유경집을 만났습니다. 전에 몇 번 본 적이 있었기 때문에 유경집은 반갑게 중근을 맞았습니다.

"가족이 하얼빈에 온다 해서 마중을 가는 길인데 러시아 말을 몰라서 좀 불편하군요."

중근은 우덕순과 함께 블라디보스토크를 떠나면서 절대로 거사 얘기는 입 밖에 내지 않기로 약속을 해두었습니다. 그래서 정대호가 가족을 데리고 온다고 한 것을 빌미 삼아 가족을 마중하러 간다고 둘러댄 것입니다.

"아, 그래요. 마침 잘 됐군요. 그렇지 않아도 하얼빈에 약을 구하러 아들놈을 보낼 참이었는데 함께 가면 되겠군요."

유경집이 그렇게 말하고 아들 유동하를 중근에게 소개했습니다. 유동하는 열여덟 살로, 어릴 때부터 아버지를 따라 러시아에 와서 살았기 때문에 러시아 말을 잘 했습니다. 중근과 우덕순, 유동하는 다시 기차를 타고 하얼빈으로 향했습니다.

이튿날(10월 23일), 세 사람은 하얼빈에 도착해, 유동하의 친척인 김성백의 집을 찾아갔습니다. 그 곳에서 중근은 신문을 보고 이토가 26일 아침에 하얼빈에 도착한다는 사실을 알았습니다.

중근은 유동하가 너무 어려서 자꾸만 마음에 걸렸습니다. 그래서 몇 번 만난 적이 있는 조도선을 찾아가 통역을 해줄 것을 부탁했습니다. 조도선은 선뜻 승낙했습니다.

다음 날(10월 24일) 이른 아침, 중근은 우덕순과 조도선을 데리고 정거장에서 기차를 탔습니다. 유동하는 김성백의 집에 남겨 놓았습니다.

중근은 하얼빈에서 멀지 않은 채가구란 역에서 내렸습니다. 그리고 조도선을 시켜 역무원에게 기차가 어떻게 다니는지 물어 보게 하였습니다.

"이 곳은 기차가 매일 몇 차례나 지나다닙니까?"

조도선이 묻자 역무원은 아무런 의심 없이 친절하게 대답했습니다.

"매일 세 번씩 다니는데, 오늘 밤에는 특별열차가 하얼빈에서 창춘으로 떠나 일본 대신 이토 히로부미를 모시고 모레 아침 6시에 이 곳을 지난다네."

조도선은 속으로 기뻐했습니다. 묻지도 않은 이토 얘기

까지 듣게 되었으니 그럴 수밖에요. 조도선은 얼른 중근에게 그 사실을 말했습니다. 중근도 조도선의 말에 두 손을 꽉 움켜쥐었습니다.

"됐어. 이토가 도착하는 시간을 확실히 알았어."

중근은 곧바로 역사 아래에 있는 식당에 방을 구했습니다. 그 식당은 러시아 사람이 주인이었는데 조그만 구멍가게를 함께 하고 있었습니다. 조도선이 말을 잘해 주인이 사는 방 하나를 빌릴 수 있었습니다.

그 날 밤, 중근은 채가구에서 거사를 치르기가 아무래도 어려울 것 같다는 생각이 들었습니다. 그래서 두 사람을 불러 놓고 말했습니다.

"동지들, 아무리 생각해 봐도 이 곳 채가구는 거사하기에 적합하지 않은 것 같습니다. 새벽 6시에 기차가 도착한다면 날이 너무 어두워 사람을 잘 분간할 수도 없을 뿐더러, 기차가 서지 않고 가 버릴 수도 있습니다."

"그렇습니다. 더구나 우리는 여비도 부족해서……."

우덕순이 불안한 얼굴로 말했습니다.

"네, 돈도 얼마 없어서 걱정입니다. 생각 같아서는 오늘 밤 당장 창춘으로 내려가서 거사를 치르고 싶지만…….

그래서 제 생각에는 두 곳에서 거사를 치렀으면 합니다."

"두 곳에서요?"

"네, 내가 내일 하얼빈으로 가겠습니다. 여러분은 이 곳에 있다가 거사를 하십시오. 하지만 섣불리 하지는 마십시오. 기차가 6시에 채가구에 도착하면 하얼빈에는 9시쯤에 도착할 겁니다. 오히려 그 때가 알맞은 시간이니 여러분이 실패하더라도 내가 다시 할 수 있습니다. 우리 모두가 실패하면 다음에 다시 힘을 모아 하면 됩니다. 절대로 경솔하게 행동하지는 마십시오."

"알겠습니다, 안 동지."

세 사람은 그렇게 뜻을 모았습니다.

다음 날(10월 25일) 정오쯤에 중근은 하얼빈으로 돌아갔습니다. 남은 두 사람은 빌린 방에서 하루를 더 묵었습니다. 그런데 저녁이 되자 이상한 낌새를 느낀 러시아 군인들이 두 사람이 묵고 있는 집을 몰래 지키기 시작했습니다.

두 사람이 화장실을 가려 해도 주인이 나가지 못하게 했습니다. 군인들이 집 밖으로 나오지 못하게 한다는 것이었습니다. 러시아 군인들에게 거사 계획이 탄로난 게 아닐까 하는 생각에 두 사람은 불안한 마음으로 하룻밤을 보냈습니다.

다음 날 새벽에도 두 사람은 집 밖으로 나가지 못했습니다. 러시아 군인들은 삼엄하게 역 주변을 지키고 있었습니다. 6시가 되자 기차가 지나가는 소리가 들렸습니다.

두 사람은 거사가 실패로 돌아간 것이라 판단해 가슴을 치며 치를 떨었습니다. 오직 안 동지기 성공하기만을 기원했습니다.

오전 10시가 조금 넘었는데, 갑자기 러시아 군인들이 들이닥치더니 두 사람을 잡아갔습니다. 조도선이 끌려가면서 왜 그러느냐고 물었습니다. 러시아 군인이 대답했습니다.

"한국의 어떤 자가 이토를 죽였어! 한국 사람은 무조건 잡아들이라는 명령이야."

두 사람은 서로의 얼굴을 쳐다보았습니다. 그 얼굴에 웃음이 번져 갔습니다. 두 사람은 그 자리에서 소리 높이 외쳤습니다.

"한국 만세!"

"대한 독립 만세!"

러시아 군인이 얼떨떨한 표정으로 두 사람을 바라보았습니다.

전날 하얼빈으로 돌아간 중근이 어떻게 이토 히로부미를 저격했는지를, 안중근 자신이 쓴 《안응칠 역사》에서 그대로 옮겨 보겠습니다.

하얼빈으로 돌아온 그 날 밤 나는 김성백의 집에서 자고 이튿날 아침 일찍 일어나 새 옷을 모조리 벗고 수수한 양복으로 갈아입었다. 단총을 양복 안주머니에 찔러 넣고 바로 정거장으로 나가니 그 때가 오전 7시쯤이었다.

정거장에는 러시아 장관과 군인들이 많이 나와서 이토를 맞이할 준비를 하고 있었다.

9시쯤 되자, 이토가 탄 특별열차가 와서 닿았다. 사람들의 물결이 파도처럼 밀려들었다. 그 때 나는 역사 아래 찻집에 앉아서 동정을 엿보며, '어느 시간에 저격하는 것이 좋을까.' 하고 생각했지만 미처 결정을 내리지 못했다. 마침 그 때 이토가 기차에서 내렸는데, 군대가 경례를 하고 군악대 소리가 하늘을 울렸다.

그 순간 분한 생각이 터져 나와 머릿속을 솟구쳐 올랐다.
'어째서 세상 일이 이같이 공평하지 못한가. 슬프다. 이웃 나라를 강제로 뺏고 사람의 목숨을 참혹하게 해치는 자는 이같이 날뛰고 조금도 거리낌이 없는데, 죄 없

이 어질고 약한 인종은 이처럼 곤경에 빠져야 한단 말인가.'
 나는 더 생각할 것 없이 벌떡 일어나 뚜벅뚜벅 앞으로

걸어 나갔다. 군대가 늘어서 있는 뒤에까지 이르러 보니, 러시아 일반 관리들이 호위하고 오는 사람들 가운데, 맨 앞에 누런 얼굴에 흰 수염을 가진, 일개 조그마한 늙은이가 보였다.

'저것이 필시 이토 늙은 도적일 것이다.'

나는 곧 단총을 뽑아 들고 그자의 오른쪽을 향해서 4발을 쏘았다. 그러고 나서 보니 내가 이토를 본 적이 없는데 혹시 다른 사람을 쏜 것이 아닐까 하는 생각이 들었다.

만일 한 번 잘못 쏜다면 큰 일이 낭패가 되는 것이라, 다시 뒤쪽을 향해서 3발을 쏘았다. 그러고 나서도 만일 죄가 없는 사람을 쏘았다면 큰일인데라고 생각을 하고 있는데 러시아 군인이 달려들어 붙잡혔다.

그 때 나는 곧 하늘을 향하여 큰 소리로 "대한 만세"를 세 번 외쳤다. 그러고 나서 러시아 헌병 파출소로 잡혀 가니 그 때가 1909년 10월 26일 오전 9시 반쯤이었다.

 ### 우덕순의 통곡

우덕순은 안중근과 함께 했던 날들을 회고담에 남겼다.

1907년, 블라디보스토크에서 안중근과 처음 만났고, 함께 의병 전투에 참가했다. 안중근이 함경도에서 일본군과 싸움을 벌였을 때, 우덕순도 옆에 있었다.

거기서 우덕순은 일진회 사람에게 배신을 당해 안중근과 헤어지게 된다. 산 속을 헤매다 일본군에 잡혀 사형을 당할 위기에 처했는데, 함께 갇혀 있던 의병의 도움으로 탈옥을 한다.

그 뒤 블라디보스토크에서 안중근과 다시 만나게 되어 하얼빈으로 같이 가게 된다.

재판을 받을 때, 안중근은 처음에 우덕순을 모른다고 진술한다. 죽음 앞에서도 동지를 생각하는 안중근의 깊은 마음을 엿볼 수 있다.

우덕순은 법정에서 잠깐 안중근을 보았을 뿐, 계속 따로 떨어져 있었다. 우덕순은 검찰관과 간수에게 안중근을 만나게 해달라고 부탁했지만, 그들은 곧 만나게 해줄 것처럼 말하면서도 끝내 만나게 해주지 않았다.

1910년 3월 26일, 우덕순은 영문도 모르고 불려 나가게 되는데, 거기서 이미 싸늘한 시체가 된 안중근의 관을 보게 된다. 우덕순은 관을 붙잡고 오랫동안 통곡했다고 회고담에 쓰고 있다.

8
재판과 순국

　당시 하얼빈은 러시아가 다스리고 있었기 때문에 중근은 처음에 러시아 검찰관에게 심문을 받았습니다.
　그렇지만 러시아는 경비를 소홀히 해서 사건이 터졌다는 비난을 받을까 봐 서둘러 중근을 일본 영사관으로 보내 버렸습니다.
　10월 28일, 일본은 중근을 자기네 재판정에 세우기로 결정합니다. 안중근이 일본 법정에서 재판을 받게 된 것은 한 마디로 나라가 힘이 없고 정부가 무능해서입니다.
　일본은 재판 과정에서 중근을 자기네 법정에 세운 이유를,

"하얼빈은 러시아 조차지이지만 치외법권 지역이기 때문에 러시아나 청나라에서 재판을 받을 필요가 없다. 안중근은 한국인이므로 한국의 법에 따라 재판을 받아야 한다. 그러나 1905년 을사5조약에 의해 일본은 한국의 외교권을 위임받았기 때문에 한국인을 한국이 아닌 다른 지역에서도 보호하고 다스릴 권리가 있다. 그러므로 안중근이 일본 법정에서 재판을 받는 것은 당연하다."

라고 말합니다. 중근 외에도 우덕순, 조도선, 유동하를 비롯하여 열 명이 넘는 사람들이 사건이 터지고 곧바로 잡혔습니다. 그러나 대부분은 풀려나고 우덕순, 조도선, 유동하만이 중근과 함께 끝까지 재판을 받았습니다.

일본 검찰관 미조부치가 "왜 이토 히로부미를 죽였는가?"라고 물었을 때, 중근은 이토의 열다섯 가지 죄를 조금도 머뭇거리지 않고 또박또박 말했습니다. 이에 미조부치는 크게 감동하며 말했습니다.

"당신은 참으로 위대한 한국의 의사다. 절대 사형은 받지 않을 테니 걱정하지 마시오."

그러자 중근이 말했습니다.

"내가 죽고 사는 것은 중요하지 않소. 다만 당신네 천황에게 이토의 정치가 잘못되어서 한국과 동양의 평화가 위태로워졌음을 알리고 속히 바로잡도록 하시오."

11월 3일, 중근은 뤼순 감옥에 갇히고 그 때부터 본격적으로 심문과 재판이 시작되었습니다.

검찰관뿐만 아니라 감옥소 소장과 간수들까지도 중근이 의아해할 정도로 친절하고 정중하게 대해 주었습니다.

게다가 일본 법원은 중근이 원하는 대로 외국인 변호사(영국·러시아)와 한국인 변호사를 선임할 수 있도록 하겠다고 했습니다.

중근은 자신이 이토를 죽인 것이 잘한 일인지 의문스러울 만큼 크게 놀랐습니다.

'일본이 이토록 문명이 발달한 개화된 나라란 말인가. 내가 정녕 이것을 미처 알지 못한 것은 아닌가. 그렇다면 내가 일본을 오해하고 지나치게 과격하여 이토를 죽인 것은 아닐까.'

일 주일에 한 번씩 목욕도 시켜 주었고 서양 담배와 과일, 차도 넣어 주었습니다. 하루 세 끼 식사를 쌀밥으로 하였고 내복도 자주 갈아입을 수 있었습니다. 감옥소 소장은 아침마다 특별히 우유를 대접했고, 미조부치 검찰관은

닭고기까지 넣어 주었다고 합니다.

그러나 이들 검찰관과 감옥소 소장은 그 때까지 일본이 한국 합병을 추진하고 있다는 사실을 몰랐습니다.

11월 26일, 사카이란 경시(경찰관)가 취조를 하러 왔는데, 그는 한국말도 잘 했고 아주 친절하게 대해 주어 중근도 친구처럼 허물없이 대했습니다. 그러나 사카이 경시는 취조 내용을 통감부에 일일이 보고했습니다. 그것은 다시 일본 정부로 보내졌는데, 일본은 중근을 어떻게 할 것인지 고심했습니다.

일본은 재판이 오래 가면 국제적인 여론이 나빠져 안중근을 죽일 수 없게 될지도 모른다고 생각했습니다. 더구나 장인환이나 전명운과 같이 안중근을 살려 준다면, 또 다른 저격 사건이 계속 터질 것이고, 그러면 한국 합병 계획이 실패로 돌아갈지도 모른다는 것이 가장 큰 고민이었습니다.

1908년에 미국에서 장인환과 전명운이 통감부 외교고문 스티븐스를 살해한 사건이 있었습니다. 스티븐스는 친일파로서 일본의 한국 정책을 아주 드러내 놓고 찬양하던 사람이었습니다. 두 사람은 미국 법정에서, 원한에 의한 살인이 아니라 애국심에서 비롯된 것이라고 판명되어 관대한 처분을 받았습니다.

일본 정부는 사건을 빨리 처리하고 안중근을 극형에 처하라는 지시를 내렸습니다. 그 때부터 뤼순 법원의 검찰관과 재판장의 태도가 돌변했습니다.

말투가 달라지고 아주 위압적으로 심문했으며, 중근의 진술을 가로막거나 때로는 멸시하는 말도 서슴없이 하였습니다. 중근은 그런 변화에 또 한 번 놀랐습니다.

'이건 이들의 본심이 아닌 거야. 틀림없이 외부에서 딴 바람이 불어닥친 거야. 이들이 이렇게 변할 리가 없어.'

중근은 애써 그들을 이해하려 했습니다. 그러나 검찰관의 태도는 더욱 이상해졌습니다. 아예 이토의 업적을 자랑하며, 중근에게 잘 모르고 실수로 살해를 했다고 자백하면 살려 주겠다는 말까지 했습니다.

그러자 중근은 웃으면서 태연하게 말했습니다.

"일본이 아무리 백만 대군을 거느리고 천만 대의 대포를 가지고 있다 할지라도 내 목숨 하나 죽이는 것밖에 달리 더 무엇을 하겠느냐. 이토의 죄는 천하 세상 사람들이 다 아는데, 나는 이토를 본 적도 없으니, 어찌 사사로운

원한으로 그를 죽였겠느냐. 세상 사람들에게 물어 봐라, 명성황후를 죽인 미우라 공사의 죄가 더 큰가, 아니면 이토를 죽인 내 죄가 더 큰가. 일본이 나 하나 죽이기 위해 이토록 법을 어기고 사악한 본색을 드러낸다면, 나는 앞으로 입을 다물겠다. 재판관, 당신 마음대로 하시오."

　법원은 처음에 약속했던 변호사 선임도 허락하지 않았습니다. 중근의 어머니가 의뢰해서 멀리 한국에서 날아 온 안병찬 변호사는 갖은 수를 다 써 보았으나 결국 법정에 서지 못했습니다. 안병찬 변호사는 울분을 삭이며 방청석에서 중근의 재판을 지켜볼 수밖에 없었습니다.

　중근의 두 동생 정근과 공근도 방청석에서 재판을 지켜보다 너무 화가 난 나머지 "이 재판은 사기다!"라고 외치다 방청석에서 쫓겨나기도 했습니다.

　1910년 2월 14일, 뤼순 지방법원 마나베 재판관은 다음과 같은 판결을 내렸습니다.

　"피고 안중근은 사형, 피고 우덕순은 징역 3년, 피고 조도선, 유동하는 각각 징역 1년 6개월에 처한다."

　중근은 감옥소로 돌아와 많은 생각에 잠겼습니다.

　'결국 일본은 이 정도밖에 되지 않는 나라다. 예로부터

많은 지사가 나라를 위해 기꺼이 목숨을 바쳤거늘, 뒷날 역사에 하나도 그른 적이 없었다.'

중근은 아무리 생각해 보아도 자신이 죽어야 할 이유를 알 수 없었습니다. 비록 재판이 일본인에 의해 그들이 의도한 대로 이루어졌지만, 억울하고 분한 마음은 막을 길이 없었습니다.

"내가 무슨 죄가 있느냐, 내가 무슨

죄가 있어! 머리가 깨지고 가슴이 찢어질 일이다!"

중근은 분노로 온몸을 떨었습니다. 그 때 억울하게 죽은 수많은 의병과 지사 들이 생각났습니다. 그들도 죽음 앞에서 이렇게 통분했을 거라는 생각이 들었습니다. 그러자 힘없는 나라, 한국 땅에서 힘겹게 살아가는 불쌍한 백성들이 떠올랐습니다.

그 때 문득 중근은 뭔가가 머리를 크게 내리치는 느낌을 받았습니다. 중근은 갑자기 큰 소리로 웃었습니다. 그리고 외쳤습니다.

"그래, 나는 정말 죄인이다! 내가 어질고 약한 한국의 백성인 것이 죄로구나!"

중근은 깨달았습니다. 어질고 착하지만 여린 백성이기에 외세의 총칼 앞에서 이렇게 고통받고 있는 것이다. 나 또한 그런 약한 백성 중의 하나니 저런 못된 놈들에게 핍박받을 수밖에 없지 않은가. 그런데 이제 나라와 민족을 위해 더 많은 일을 하지 못하고 이렇게 죽으니 이게 죄인이 아니고 무엇이란 말인가.

중근은 매일 아침 묵주 기도를 올렸습니다. 자신의 죄를 용서하고 평화롭게 하늘나라로 올라가게 해달라고 기도 했습니다. 또 가족들의 평안을 빌었고, 한국의 자주 독립을 빌었습니다.

중근의 두 동생이 면회를 왔습니다. 동생들은 어머니의 말씀을 전해 주었습니다.

"이토 저격은 한국의 독립을 세상에 알리기 위한 충정에서 나온 것으로 안다. 부모보다 먼저 가는 것을 불효로 생각할지 모르나 나는 대한의 자손으로 너를 자랑스럽게 여긴다. 천국에서 다시 만나자꾸나. 부디 구차하게 목숨을 구걸하지 말고 깨끗한 죽음을 택하길 바란다."

중근은 눈물을 흘렸습니다. 어머니의 얼굴이 눈앞에 어른거렸습니다. 두 동생도 따라 울었습니다.

중근은 공소(항소)를 포기하였습니다. 어차피 일본이 자신을 죽이려고 한다면 항소를 해봐야 결과는 똑같을 게 뻔했기 때문입니다.

중근은 간수들의 친절한 도움으로 감옥 안에서 《안응칠 역사》를 다 쓰고, 〈동양 평화론〉에 손을 댔습니다. 중근은 서둘렀습니다. 죽기 전에 꼭 완성하고 싶었기 때문입니다.

그러나 재판장이 중근에게 〈동양 평화론〉을 다 쓸 때까지 사형 집행을 연기하겠다고 했던 약속은 지켜지지 않았습니다. 사형 날짜가 다가와, 글머리와 1장 〈전감(前鑑)〉의 앞부분을 쓰다 중단하고 말았습니다.

마지막까지, 죽음을 앞둔 사람이라고는 믿을 수 없을 정도로 의연하고 평화롭게 하루하루를 보내는 중근을 본 일본 사람들은 놀라움을 감추지 못했습니다. 그들은 진정으로 중근을 가슴 깊이 존경했습니다.

일본 사람들은 자신들이 중근과 함께 있었다는 것만으로도 영광스럽게 생각해, 조금이라도 중근의 흔적을 간직하고 싶어했습니다. 그래서 그들은 중근에게 글이라도 써 달라고 비단과 종이 수백 장을 감방 안으로 넣었습니다. 중근은 날마다 글을 써서 그들에게 주었습니다.

1910년 3월 26일 오전, 봄비가 부슬부슬 내리고 있었습니다.

중근은 평소 자신에게 친절하게 대해 주었던 간수 치바 토시치를 불렀습니다.

"당신이 써 달라던 글을 써 주겠소. 종이와 먹을 좀 가져다 주시오."

치바 토시치는 얼마 전에 중근에게 글을 하나 써 달라고 부탁했는데 그 때 중근은 지금은 쓰고 싶지 않다고 정

중히 거절했습니다.

　치바 토시치는 너무 기뻐 얼른 종이와 먹을 챙겨 왔습니다. 중근은 종이를 펼쳐 놓고 붓을 들었습니다. 그리고 단숨에 써 내려갔습니다.

爲國獻身 軍人本分(위국헌신 군인본분)
나라를 위해 몸을 바치는 것은 군인의 본분이다.

　중근은 손바닥에 먹을 묻혀 도장을 찍었습니다. 짧은 네 번째 손가락이 선명하게 보였습니다. 중근은 종이를 들어 치바 토시치에게 건네 주었습니다. 치바 토시치는 머리를 숙였습니다.
　중근이 가볍게 웃으며 말했습니다.
　"그 동안 내게 베풀어 준 친절에 깊이 감사하오. 뒷날 동양에 평화가 찾아오면 우리 다시 만나 회포를 풉시다."
　"고맙……."
　치바 토시치는 더 이상 말을 잇지 못했습니다. 터지려는 울음이 목젖을 눌렀기 때문입니다.
　오전 9시에 마지막으로 두 동생과의 면회가 있었습니

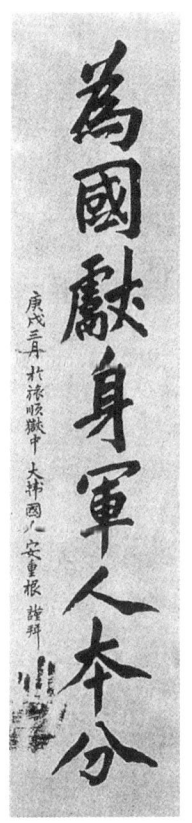

치바 토시치에게
써 준 안중근의 유묵

다. 눈물을 보이지 않으려고 애를 쓰는 두 동생을 보고 중근은 조용히 평상의 말투로 유언을 전했습니다.

"내가 죽거든 나의 뼈를 하얼빈 공원 곁에 묻어 두었다가 조국의 국권이 회복되면 고국으로 옮겨 장사지내 다오. 나는 천국에 가서도 마땅히 우리 나라의 독립을 위해 힘쓸 것이다. 너희도 돌아가서 동포들에게 모두 국민 된 의무를 다하고 힘을 합해 독립을 이루라고 전해 다오. 대한 독립의 소리가 천국에 들려오면 나는 마땅히 춤을 추며 만세를 부를 것이다."

중근은 어머니가 보내 준 하얀 명주 한복을 입고 사형장으로 향했습니다. 중근의 발걸음은 조금도 흔들림이 없었습니다.

오전 10시 15분, 중근은 마침내 교수대에서 숨을 거두었습니다. 중근의 몸은 죄수들을 묻는 공동묘지에 묻혔습니다.

중근이 죽은 지 5개월 뒤에, 일본은 마침내 한국을 합병했습니다(8월 22일). 그로부터 36년이란 긴 세월을 한국 사람들은 나라 잃은 설움과 고통 속에서 치를 떨며 살아야 했습니다.

치바 토시치와의 우정

치바 토시치는 안중근이 죽고 나서 몇 년 더 헌병을 하다가 퇴역하여 고향에 돌아갔다. 치바는 고향으로 돌아가서도 안중근을 잊지 못하고 집에다 안중근 사진과 안중근이 써 준 글을 걸어 놓고 날마다 절을 올리고 기도를 했다고 한다. 치바는 안중근의 유묵을 보물처럼 여기고 집안의 가보로 간직하였다.

1979년, 안중근 기념박물관이 남산에 세워지자 치바의 후손이 고이 보관하고 있던 유묵을 기념사업회에 기증했다.

치바가 살았던 고향 옆에 대림사란 절이 있는데, 그 곳에도 안중근이 쓴 글을 커다란 비석에다 써서 절간 안에 세웠다. 그리고 해마다 많은 일본 사람들이 그 절에 찾아와 안중근을 생각하고 그의 높은 뜻을 기리고 있다.

열린 주제

을미사변

1895(고종 32)년에 일본의 미우라 공사가 일본의 낭인들을 이끌고 경복궁에 난입하여 명성황후를 살해한 사건입니다. 당시 명성황후가 이끄는 세력은 친러, 친미 정책을 추진하고 배일 정책을 폈습니다. 이에 위기감을 느낀 일본은 우리나라에서 러시아 세력을 몰아내고 패권을 장악하기 위해 명성황후를 없애기로 마음먹고 궁궐에 난입해 잔인하게 명성황후를 살해했습니다. 그리고 고종과 세자를 협박해 죽은 왕비를 폐출하게 하고, 진실을 은폐하도록 강요했습니다. 그러나 일본의 만행을 목격한 외국인이 많아 진상은 곧 세계 각국에 알려졌습니다.

일본은 을미사변 이후 안과 밖의 비난을 무마하기 위해 단발령, 학제, 군제개편 등 개혁정책을 추진했지만, 이는 오히려 항일 감정을 부추겨 전국적으로 의병이 일어나게 하는 계기가 되었습니다.

동학농민운동

1894년 당시 농민들은 조선 왕조의 정치적 부패와 탐관오리들의 착취로 심한 고통을 받고 있었습니다. 뿐만 아니라 청나라와 일본이 서양 세력에게 문호를 개방한 뒤, 조선에도 외세의 강압이 점점 심해지자 불만이 쌓여 가고 있었습니다. 동학농민운동은 이러한 상황 속에 있던 농민들이 외세의 침략에 반대하고 봉건사회의 개혁을 주장하며 일으킨 사회 개혁운동입니다.

동학은 최제우라는 사람이 세운 신흥 종교로 인내천과 평등사상을 이념으로 하는 종교였습니다. 그러나 그는 곧 처형당했고, 정부

최제우

는 그 명예를 회복시켜 주지 않았습니다. 그러자 전봉준 등 동학교도들은 교조인 최제우의 명예 회복을 주장함과 동시에 고부 탐관오리 조병갑에 저항해 봉기했습니다. 여기에 나라를 바로세우고 백성을 편안하게 해 달라는 뜻으로 동학교도가 아닌 농민도 가세하면서, 이것은 농민군과 정부군의 전쟁으로까지 확대되었습니다. 결국 정부는 봉건 타파, 사회제도 개혁, 탐관오리 숙청 등에 합의했으나 일본군의 개입으로 농민군은 크게 패하고 말았습니다. 동학농민운동은 지배받는 세력인 농민들이 근대적 사회개혁과 반외세를 주장한 민족주의적 결의가 담긴 역사적인 운동입니다. 이후 이 운동은 의병운동으로 이어져 항일 투쟁과 연결됩니다.

의병, 독립군과 광복군

의병은 외적의 침입으로 나라가 위급할 때 자발적으로 조직해 싸우는 구국 민병대를 말합니다. 우리나라의 의병은 임진왜란과 병자호란, 그리고 조선 말기 일본의 침입에 반대해 여러 차례 일어났습니다.

독립군은 일본에게 국권을 빼앗긴 후 이를 되찾기 위해 1910년부터 1945년까지 무력항쟁한 군대입니다. 1905년 을사조약 체결 당시 일어났던 의병들은 1910년 이후 일제가 한반도를 완전히 장악하자, 서북간도와 연해주 등으로 활동 무대를 옮겨 독립군으로 이어졌습니다. 독립군 활동은 1930년대 말까지 이어지다가 1940년 중국 중경에서 광복군이 조직되자 여기에 대부분 흡수되었습니다. 광복군은 일본에 선전포고를 하고 진격하려 했으나, 일본이 연합군 측에 항복하는 바람에 해산해야 했습니다.

독립군이 사용하던 중국산 소총과 대검

인물 돋보기

뤼순 감옥

안중근 의사가 순국한 뤼순 감옥은 중국 랴오닝 다롄시에 있습니다. 이곳은 일제의 감옥으로 안중근 의사와 신채호 선생이 이 감옥에 머물렀습니다.

안중근 의사는 하얼빈 의거 뒤 이곳에 넉 달 보름 가량 투옥되었습니다. 다른 죄수와 달리 독방에서 생활했고, 책상 등이 있어 서예와 집필이 가능했습니다. 사형도 일반 죄수와 다른 장소에서 이루어졌는데, 이것만 보아도 당시 감옥에서조차 안중근 의사에 대한 존경과 예우가 어떠했는지 알 수 있습니다.

지금도 뤼순 감옥에 가면 서예 등의 유물을 통해 조국에 대한 안중근 의사의 헌신과 염려를 느낄 수 있습니다. 감옥 특유의 고문기구에서 을씨년스러움이 느껴지지만, 이에 조금도 굴하지 않고 명쾌한 논리와 의연함으로 일본 재판부와 검찰, 감옥 관계자까지 압도한 안중근 의사의 모습이 생생하게 느껴집니다.

한편 안중근 의사의 시신은 뤼순 감옥 부근의 공동묘지에 묻혀 있는 것으로 추측됩니다. 그동안 남북의 많은 사람들이 안중근 의사의 유해를 찾고자 했으나 아직 찾지 못했습니다. 현재 남북이 협력해 안 의사 유해 발굴 사업을 진행 중이라고 합니다.

안중근 의사와 신채호 선생이 순국한 뤼순 감옥의 일반 감방 문

독립투사 이봉창 의사와 윤봉길 의사

이봉창 의사(1900~1932)는 서울에서 태어나 점원, 기관차 견습생 등으로 일하다가 1925년 일본으로 건너갔습니다. 동경 등지에서 노동을 하던 중 독립운동에 투신하기로 결심하고, 1931년 중국 상하이로 가서 한인애국단에 가입했습니다. 그 해 김구 선생으로부터 일본 천황을 암살하라는 지령을 받고, 다시 일본으로 건너가 천황 관병식 때 폭탄을 던졌으나 실패했습니다. 그 후 일본 경찰에 체포되어 이치가야 형무소에서 사형당했습니다.

이봉창 의사

윤봉길 의사

윤봉길 의사(1908~1932)는 국내에서 농촌계몽운동을 하다가 중국 청도로 망명해 역시 한인애국단에 가입했습니다. 이봉창 의사가 동경에서 일본 천황에게 폭탄을 던진 사건 이후, 그 다음 계획을 구상하던 김구 선생에게 윤봉길 의사가 직접 찾아와 일을 맡기를 자청했다고 합니다. 윤봉길 의사는 상하이 홍커우 공원에서 열린 일본의 전승 축하 기념식에 참석한 일본군 수뇌부에게 폭탄을 던져 큰 피해를 입혔습니다. 그는 거사 직후 체포되어 일본 가나자와 형무소에서 총살되었습니다. 이 의거로 침체에 빠진 항일 투쟁은 새로운 활로를 찾았고, 중국인을 비롯한 전 세계 사람들에게 한국의 독립 의지를 널리 알리는 계기가 되었습니다.

이봉창 의사와 윤봉길 의사는 모두 안중근 의사와 같이 조국의 독립과 자유를 회복하기 위해 아낌없이 목숨을 바쳤습니다. 이런 분들이 있었기에 오늘날 우리 조국이 이처럼 당당히 존재할 수 있는 것입니다.

연대표

안중근의 생애	우리나라와 세계의 동향
	1875 운요호사건
	1876 강화도조약(병자수호조약) 체결
1879 7월 16일, 황해도 해주에서 안태훈의 맏아들로 태어남(어머니 조씨, 세례명 조마리아). 어릴 때 이름은 응칠.	*1879* 지석영, 종두법 전래
	1881 신사유람단 파견, 영선사 파견
	1882 임오군란, 제물포조약 체결, 조중상민수륙무역장정 조인
	1883 한성순보 발간, 태극기를 국기로 선정
1884 (6세) 갑신정변 10월, 황해도 신천군 청계동으로 이사. 한문 수학, 사냥을 즐김.	*1884* 청-프랑스전쟁 발발, 우정국 설치, 갑신정변, 한성조약 체결
	1885 광혜원 설립, 거문도사건
1892 (14세) 할아버지 안인수가 죽자, 중근 몹시 슬퍼함.	*1886* 스크랜턴, 이화학당 설립, 육영공원 설립
1894 (16세) 동학농민전쟁, 갑오경장, 청일전쟁 일어남. 김아려와 결혼함. 분도, 준생, 현생, 세 자녀를 낳음. 동학군과 싸움.	*1887* 언더우드, 새문안교회 설립
	1889 조병식, 방곡령 선포
	1894 청일전쟁(~1895), 홍범 14조 제정
1895 (17세) 동학농민군 일본에 패함. 명성황후 시해, 단발령, 전국에서 의병이 일어남. 아버지 안태훈이 동학농민군에게서 빼앗은 쌀 때문에 어윤중, 민영준과 소송.	*1895* 을미사변, 단발령 선포, 을미의병
	1896 헤르츨, 시온주의운동 제창, 제1회 올림픽대회, 독립신문 창간, 독립협회 설립, 아관파천

평화를 꿈꾼 대한국인 안중근

| 안중근의 생애 | 우리나라와 세계의 동향 |

1896 (18세) 남에게 바른 소리를 잘해 '번개 입'이라는 별명을 얻음. 세례명 도마(토마스)로 천주교에 입교, 포교하러 다님.

1897~1904 (19~26세) 러일전쟁, 한일의정서, 제1차 한일협약 체결. 주교에게 학교를 세울 것을 건의했으나 받아들여지지 않음. 만인계(萬人契, 1,000명 이상의 계원을 모아 돈을 출자한 뒤 추첨이나 입찰로 돈을 빌려 주는 모임)의 채표회사(만인계의 돈을 관리하고 추첨을 하는 회사) 사장에 뽑혀 출표식 때 기계 고장으로 군중 앞에서 수난을 당함. 억울한 일을 당한 김중환과 이경주 사건을 해결하기 위해 여러 방면으로 뛰어다님. 황해도에 교인을 사칭한 폭도들이 들끓어 천주교가 박해를 받게 되자 부친 안태훈은 몸을 피했는데, 그 때 마음의 병을 얻어 수개월 후에 고향으로 돌아옴.

1897 경인선 철도 기공, 대한제국 성립
1898 중국, 무술정변, 파쇼다사건, 만민공동회 개최, 매일신문 창간
1899 보어전쟁
1900 중국, 의화단운동(~1901), 경인선 철도 개통
1901 제주민란 발생
1903 대한YMCA 창립
1904 러일전쟁(~1905) 발발 한일의정서 강제 체결

연대표

안중근의 생애	우리나라와 세계의 동향
1905 (27세) 을사5조약 체결, 일본 화폐 유통, 통신 협정, 경부철도 개통. 중국 상하이로 감. 그 곳에서 곽 신부를 만나 귀국. 12월, 아버지가 돌아가심.	*1905* 러시아, 피의 일요일, 장지연, 황성신문에 〈시일야방성대곡〉 발표, 손병희, 동학을 천도교로 개칭
1906 (28세) 전국에서 의병 일어남. 3월에 진남포로 이사, 삼흥·돈의 학교를 열어 교육 운동에 헌신함.	*1906* 통감부 설치, 이토 히로부미 부임
1907 (29세) 국채보상운동, 헤이그 밀사 사건으로 고종 퇴위, 정미7조약 체결, 군대 해산, 경찰권 장악, 의병 일어남. 재정 마련을 위해 평양에서 석탄상을 했으나 일본인의 방해로 큰 손해를 봄. 국채보상기성회 관서 지부장을 함. 의병 활동을 위해 블라디보스토크로 떠남. 김두성의 의병 부대에서 참모중장을 맡음.	*1907* 삼국협상(영국·프랑스·러시아) 국채보상운동 시작, 헤이그 밀사 사건, 한일신협약 체결
1908 (30세) 일본 동양척식주식회사 설립, 토지 및 경제 수탈. 6월, 의병을 이끌고 두만강을 건넘. 일본군과 교전, 패하여 쫓기다 구사일생으로 살아남.	*1908* 전명운·장인환, 스티븐스 저격, 동양척식주식회사 설립

평화를 꿈꾼 대한국인
안중근

안중근의 생애	우리나라와 세계의 동향
1909 (31세) 일본 각료회의에서 한국 합병을 결의. 노브키에프스크에서 12명의 동지와 단지 동맹을 결성. 9월, 블라디보스토크에 감. 그 곳에서 이토가 하얼빈으로 온다는 소식을 들음. 10월 26일, 하얼빈에서 이토 히로부미 저격.	**1909** 나철, 대종교 창시 안중근, 이토 히로부미 암살
1910 (32세) 8월, 한일합방. 2월 14일, 일본 법정에서 사형 언도, 공소 포기. 3월 26일 오전 10시, 뤼순 감옥에서 순국.	**1910** 대한제국, 일본에 합병, 한일병합 조약 조인 공포 **1911** 신해혁명, 신민회, 105인사건 **1913** 안창호, 흥사단 조직 **1915** 대한광복회 결성

145
연대표